Wolfgang Wertenbroch

55 Stundeneinstiege Deutsch

einfach, kreativ, motivierend

1.–4. Klasse

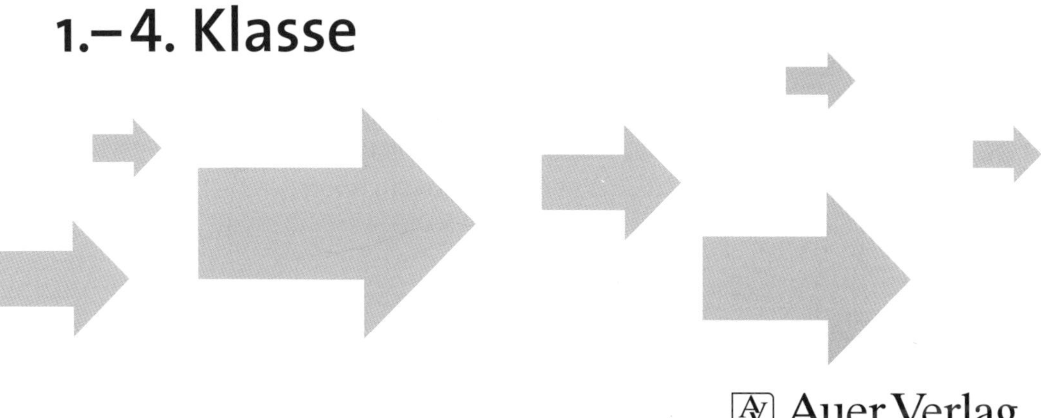

Auer Verlag

Gedruckt auf umweltbewusst gefertigtem, chlorfrei gebleichtem
und alterungsbeständigem Papier.

1. Auflage 2011
Nach den seit 2006 amtlich gültigen Regelungen der Rechtschreibung

Illustrationen: Corina Beurenmeister
Satz: krauß-verlagsservice, Augsburg
Druck und Bindung: Kessler Druck + Medien GmbH & Co. KG, Bobingen
ISBN 978-3-403-**06700**-9

www.auer-verlag.de

„Womit soll ich meine Stunde beginnen?"

Wie oft ist schon geschmunzelt worden über Stundeneinstiege!

Da öffnet sich geheimnisvoll leise und langsam die Klassentür und mit einem ebenso geheimnisvoll aufgesetzten Gesicht erscheint der Lehrer[1]. „Ich habe euch etwas mitgebracht", spricht er sehr leise und sehr langsam. Dann blickt er in die Runde und erwartet Laute des Staunens und der Überraschung.

Eine Alternative ist das „Hefte raus!" oder „Wo waren wir stehen geblieben?".

Alle diese Einstiege haben irgendwie funktioniert, wir haben sie als Schüler erfahren – und aus uns ist schließlich auch oder dennoch etwas geworden!

Als ich die Stundeneinstiege aufschrieb, wurde mir deutlich, dass es sich dabei nicht allein um Stundeneinstiege handelt, sie sind gleichzeitig Unterrichtseinstiege, Einstiege in ein (neues) Thema oder in eine Arbeitsform.

Die 55 Stundeneinstiege sind folgendermaßen konzipiert:

- Sie knüpfen an Voraussetzungen an, die teilweise schon im Kindergarten angelegt wurden.
- Sie fördern selbstständiges Denken, Lernen und Üben.
- Sie fördern partnerschaftliches Arbeiten.

Als Unterrichtseinstiege zeigen sie fachdidaktisch sinnvolle Fortsetzungen auf. Mit den „weiteren Hinweisen" wird Ihren Schülern damit mehr geboten als nur mit dem Stundeneinstieg allein.

Sie werden sich bei den einzelnen Stundeneinstiegen vielleicht über die Kombinationen der Klassen 1 bis 4 oder 2 bis 4 wundern. Der hier beschriebene Unterricht kann vor allem im Sinne einer Differenzierung in allen Klassen sinnvoll sein. Das Zuhören auf gesprochene Sprache zum Beispiel ist eine grundlegende Fähigkeit, um sprachlich vermittelte Inhalte zu lernen. Hier ist also kein Hörtraining intendiert, bei dem Geräusche identifiziert und differenziert werden.

Was hätte man noch alles schreiben und berücksichtigen können!

55 Einstiege erfordern immer eine Auswahl – eine Auswahl, aus der Sie im Sinne der Förderung Ihrer Schüler wiederum auswählen.

[1] Wenn in diesem Buch vom Schüler gesprochen wird, ist auch immer die Schülerin gemeint. Ebenso verhält es sich mit Lehrer und Lehrerin.

Der Aufbau der Handreichung

Die in dieser Handreichung vorgestellten Stundeneinstiege bieten einen breiten Fundus an Ideen. Dabei sind jeweils Vorschläge zu den wesentlichen Inhalten des Deutschunterrichts, wie **Die Anfänge (mit Zuhören, Lesen und Schreiben), Lesen, Rechtschreiben, Schreiben: Sachtext und Aufsatz** sowie **Grammatik**, zu finden.

Zu jedem Einstiegsvorschlag wird die **Klassenstufe** angegeben, ab der ein Einsatz der jeweiligen Stundeneinstiege möglich ist.

Zur schnelleren Orientierung auf den einzelnen Seiten dieses Buches wurden Icons verwendet:

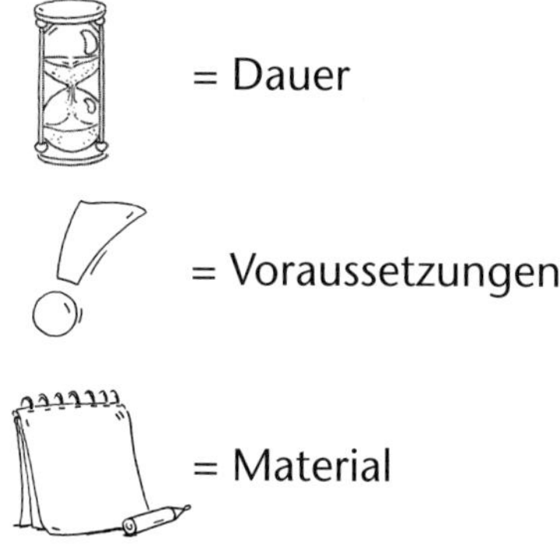

Die Angabe der **Dauer** entspricht einem Erfahrungswert. Je nach Leistungsvermögen der Klasse kann diese unter-, aber auch überschritten werden.

Werden besondere **Voraussetzungen** oder **Materialien** benötigt, ist dies stichpunktartig aufgeführt.

Um eine konkrete Vorstellung über die **Durchführung** zu erleichtern, ist jedem Vorschlag ein praktisches Unterrichtsbeispiel beigefügt.

Weitere Hinweise bieten Anregungen zu Einsatzmöglichkeiten oder zur Weiterführung der Stunde.

Zum leichten Wiederauffinden bestimmter Einstiege sind im **Index** (S. 64) alle Stundeneinstiege in alphabetischer Reihenfolge aufgelistet.

keine

1 Ball, 1 Bohne oder Birne, 1 Buch, Arbeitsblatt, Tafel

Zielsetzung:

Schüler sollen den ihnen bekannten Lauten die Großbuchstaben (hier das *B*) zuordnen lernen.

Durchführung:

(Exemplarisch für das *B*; mit den anderen Lauten/Buchstaben wird ebenso verfahren.)

- Schüler sitzen im Kreis. In der Mitte befinden sich der Ball, die Bohne und das Buch.
- Gespräch über die Gegenstände im Kreis. Dabei werden die Schüler die Wörter *ball* usw. häufig sprechen und hören.
- Lehrer lenkt die Aufmerksamkeit der Schüler auf den Anlaut (*b*) der Wörter: „Wenn Yannik *ball* sagt, spricht er zuerst ein (Lehrer lautiert) *b*. Bei welchen Wörtern ist das auch so?" Schüler nennen *baden* oder *brot* usw.
- Lehrer: „Wisst ihr Namen, die mit *b* anfangen?"
- Lehrer: „Wir haben die Wörter *ball, bohne* und *buch* gesprochen. Wir können diese Wörter auch schreiben. Das (Lehrer lautiert) *b* schreiben wir so." Lehrer schreibt das *B* an die Tafel: „Das ist der Buchstabe für das (Lehrer lautiert) *b*."

Weitere Hinweise:

Schüler erhalten ein Arbeitsblatt mit Wörtern, deren Begriffe bekannt sind und die das *b* im Anlaut haben: BLAU, BLATT, BEIN, BANANE, BERG, BROT, BEERE, BIENE, BAUM, BOOT, BETT, BANK, BURG. Sie sollen das *B* in ihrer Lieblingsfarbe einkreisen.
Lehrer zeigt auf seinem Arbeitsblatt die Wörter und spricht sie betont langsam und ziehend: „Wer weiß noch, wo das Wort *banane* steht?" Schüler zeigen das Wort auf ihrem Arbeitsblatt usw.
An der Tafel soll bei diesen Wörtern von Schülern das *B* mit farbiger Kreide umkreist werden: TAUBE, TRAUBE, SAUBER, SIEBEN, VERBAND, GEBEN, LEBEN, ZEBRA, GABEL, HIMBEERE, NEBEN, OBEN.
Lehrer zeigt und liest die Wörter. Nach jedem Wort sagen Schüler, was sie sich unter *sieben* oder unter *zebra* vorstellen. Sie beschreiben und versprachlichen die Beispiele ausführlich.

Schüler identifizieren das *b* optisch (*B*) und lautlich als Anlaut von Wörtern.

Tafel mit vorbereiteten Wörtern, evtl. 1 Ball (zur Veranschaulichung)

Zielsetzung:

Schüler sollen den ihnen bekannten Lauten die Großbuchstaben (hier das *A*) zuordnen lernen und erkennen, dass Wörter aus Buchstabengebilden bestehen.

Durchführung:

- Lehrer schreibt das Wort BALL an die Tafel: „Das (Lehrer lautiert) *b* kennt ihr schon. Und wie heißt dieses (Lehrer zeigt an die Tafel) Wort?"
- Einige/alle Schüler erkennen das Wort und nennen *Ball*. Evtl. kann auch ein Ball zur Veranschaulichung gezeigt werden.
- Lehrer: „Den Buchstaben für das (Lehrer lautiert) *b* kennt ihr schon. Wer möchte den Buchstaben für das *a* an die Tafel schreiben?"
  Schüler orientieren sich an dem geschriebenen Wort und identifizieren das *A*, genauso das *L*. Sie haben das Wort *ball* erschlossen.
- Schüler werden aufgefordert, das BA in den Wörtern an der Tafel farbig einzukreisen und während des Einkreisens das *ba* zu sprechen: BANK, BALL, BANANE, BACH, BAHN, BACKEN, BASS, BACKE, BALKEN, BAD.
- Lehrer zeigt auf ein Wort und definiert es so: „Das ist eine Frucht mit gelber Schale, die ganz leicht abzumachen ist …" usw.
- Lehrer: „Wer zeigt und spricht eines dieser Wörter an der Tafel?" Alle Wörter sollen so identifiziert und von vielen Schülern laut gelesen/gesprochen werden.

Weitere Hinweise:

Schüler berichten über die Bank, auf der sie gesessen haben, über Bananen oder über ihren Spaß im Bad. Alle angeschriebenen Wörter sollen zu Begriffen und häufig gesprochen werden. Erste Schreibversuche an der Tafel können folgen: „Wer möchte eines der Wörter mit farbiger Kreide an die Tafel schreiben?" Bevor ein Schüler schreibt, nennt er das Wort, das er schreiben möchte.
Schüler können andere Laute sprechen und weitere Laute ergänzen: „Du hörst ein (Lehrer lautiert) *m*, was könnte dazu passen?" Lehrer kann Schüler mit Alltagsbegriffen helfen, z. B.: „Erst ein *m*, und dann wird daraus eine helle Scheibe nachts am Himmel." Schüler wird sehr schnell den Mond nennen. Wir wollen aber nur den Laut nach dem *m* hören, dann den Laut nach dem *o* und schließlich den Laut nach dem *n*.

Schüler können teilweise den Buchstaben die Lautwerte zuordnen.

Karten mit allen/den bekannten Buchstaben, die an die Schüler verteilt werden. Jeder Schüler hat eine Buchstabenkarte, die er für alle Mitschüler sichtbar vor sich hält.

Zielsetzung:

Schüler üben das Erkennen der Buchstaben und das Zuordnen der Laute.

Durchführung

- Schüler sitzen im Kreis, ein Platz bleibt frei.
- Der erste Schüler ruft: „Mein rechter Platz ist frei, ich wünsche mir das *A* herbei!" Bei den Konsonanten wird nicht buchstabiert, sondern deutlich lautiert.
- Der gerufene Buchstabenschüler nimmt den Platz neben dem Rufer ein. Weil dieser Platz besetzt ist, wechselt der Platzinhaber auf den frei gewordenen Platz des bestellten Schülers.

Weitere Hinweise:

Die Zielsetzung wird erweitert: Die Laute werden zum Wortklang mit inhaltlicher Bedeutung. Dazu sitzt Lehrer an seinem Tisch, Schüler sitzen noch mit ihren Karten im Kreis. Lehrer spricht: „Mein rechter Platz ist frei, ich wünsche mir das *A* herbei." So geht es weiter: „Der Platz links vom *A* ist frei, ich wünsche mir das *U* herbei." Schließlich werden die Buchstaben zum AUTO.

Dieses Wörterbauen wird von den Schülern übernommen. Dazu wird es erforderlich sein, dass Schüler und Lehrer gemeinsam überlegen, welches Wort/welche Wörter geeignet sind.

Es wird nicht ausbleiben, dass Buchstabenschüler falsch hingestellt werden, und das AUTO beginnt z. B. aus der Sicht der Schüler mit UA. Lehrer gibt in dem Fall zu bedenken, ob man aus UA ein Wort bauen kann.

Schüler können den Buchstaben die Laute zuordnen. Sie erkennen vom Buchstaben über den gesprochenen Laut den Sinn oder den Un-Sinn einer Lautkombination.

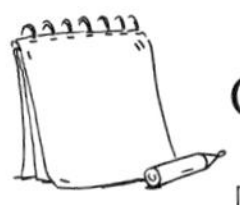

OHP-Folie mit Buchstabengitter:

H	U	N	D	A
E	K	A	T	E
V	O	G	E	I
K	A	T	Z	E
V	O	G	E	L

Zielsetzung:

Leseförderung: Schüler sollen vom Buchstaben über den gesprochenen Laut den Sinn und den Un-Sinn einer Lautkombination lesend erkennen.

Durchführung:

- Lehrer: „In dem Buchstabengitter sind die Namen von drei Tieren versteckt. Wer einen Namen gefunden hat, meldet sich bitte ganz leise ..."
- Lehrer: „Wer hat das Wort HUND auch gelesen/gefunden?" Es werden sich mehrere oder alle Schüler melden. Einige werden aufgefordert, das Wort an der Wand/Leinwand zu zeigen/nachzufahren und eventuell dabei sehr langsam-ziehend zu sprechen. Davon profitieren vor allem Schüler, deren Lesefertigkeit besonders förderungsbedürftig ist.

Weitere Hinweise:

Die Buchstabengitter können größer werden und Wörter beinhalten, die waagerecht und senkrecht zu lesen sind.

Im Sinne der Rechtschreibförderung werden Wörter aus dem Häufigkeitswortschatz dargeboten.

Den gelesenen Nomen werden mündlich die Artikel zugeordnet – in der Einzahl und in der Mehrzahl.

Schüler können den Buchstaben die Lautwerte zuordnen.

OHP-Folie mit Tiernamen oder Tafel mit vorbereiteten Wörtern (zugeklappt)

Zielsetzung:

Schüler sollen aus sinnlos angeordneten Buchstaben sinnvolle Wörter erlesen.

Durchführung:

- Lehrer hat die vorbereitete Folie bereits aufgelegt. Er bittet einen Schüler, das Gerät einzuschalten: „Wenn Yannik den Projektor eingeschaltet hat, werdet ihr die Namen von Tieren lesen können."
- Damit ist die Erwartungshaltung der Schüler in eine bestimmte Richtung gelenkt worden. Was sie aber sehen, bewirkt in ihnen einen kognitiven Konflikt – und dadurch bedingt einen Motivationsschub:

LESE	NDHU	EFFA	LEUE	EASH

- Lehrer gibt keinen weiteren Auftrag, sondern fragt Schüler, was man nun tun könnte.
- Lehrer wiederholt zusammenfassend die Vorschläge der Schüler und fragt, welcher Vorschlag ihnen am sinnvollsten erscheint.

Weitere Hinweise:

Für einige Schüler/Lerngruppen kann es hilfreich sein, die gesuchten Tiernamen zusätzlich zu veranschaulichen. Bilder von Eule oder Hund sind zwar hilfreich, wir wollen jedoch auch die Fantasie der Kinder fördern: Schüler zeigen auf die Buchstabengruppen und beschreiben das Tier, das ein Fell hat und meist bei Menschen wohnt usw.

Eine Steigerung besteht darin, Tiernamen mit mehr als vier Buchstaben erlesen zu lassen: GIRAFFE, ELEFANT usw.

Eine andere Fortsetzung der Stunde besteht darin, die erlesenen Wörter für ein Diktat/Partnerdiktat vorzubereiten. Dann muss allerdings die Technik des Partnerdiktates eingeübt werden, was bei den wenigen Begriffen/Wörtern gut möglich ist.

Schüler können weitgehend den Buchstaben die Laute zuordnen.

OHP-Folie mit unvollständigen Wörtern,
z. B. *sch_afen, ma_en, He_t, Pau_e;*
Buchstabenkarten für die Schüler mit den am häufigsten verwendeten Buchstaben

Zielsetzung:

Schüler sollen die Buchstabenkombinationen lesen und zu einem sinnvollen Wort vervollständigen.

Durchführung:

- Lehrer projiziert eine Buchstabenkombination, die zum Wort werden soll.
- Schüler entscheiden, ob ihre Karte geeignet ist, mit ihrem Buchstaben ein sinnvolles Wort entstehen zu lassen: Welcher Laut und welcher Buchstabe passt zu sch_afen? Ein *a*, ein *e*, ein *k* oder ein *l*?
- Der entsprechende Schüler geht zu den projizierten Buchstaben und hält seine Karte in die Lücke.
- Mitschüler applaudieren, wenn ein sinnvolles Wort lesbar ist.
- Es kann durchaus vorkommen, dass zwei Schüler gleichzeitig zum Wort ergänzen: Dann wird aus fal_en ein falten oder ein fallen.

Weitere Hinweise:

Eine Steigerung erfährt diese Aufgabe, wenn zwei Buchstaben zu ergänzen sind, z. B. bei Ble_stif_ oder bei H_ndef_tter.

Die Anforderung wird wiederum größer, wenn keine Lücken angegeben werden: Blestif oder Hndeftter.

Schüler können den Buchstaben die Lautwerte zuordnen.

OHP-Folie mit einfachen Sätzen (Ein Buchstabe fehlt jeweils.); Buchstabenkarten für jeden Schüler: Die Karten werden so verteilt, dass es z. B. mehrere *E*, *D* oder *G* gibt. Auswahl und Häufigkeit ist vom Übungsschwerpunkt abhängig: Wenn *g* und *k* lautlich differenziert werden sollen, werden die entsprechenden Karten an drei Schüler ausgegeben.

Zielsetzung:

Schüler sollen durch Lesen erkennen, welcher Laut und welcher Buchstabe im Wort fehlen.

Durchführung:

- Schüler setzen sich in zwei Reihen so gegenüber, dass sich alle ansehen können.
- Lehrer projiziert „Die Maus ist gra" oder „Mit den Ohen hören wir".
- Alle Schüler sollen den fehlenden Laut und den entsprechenden Buchstaben identifizieren. Die entsprechenden Schüler halten ihre Karte mit dem gesuchten Buchstaben für alle deutlich sichtbar hoch.
- Nach fünf Wörtern werden die Karten gemischt und neu verteilt/gezogen.

Weitere Hinweise:

Eine andere Entscheidung ist lesend zu treffen, wenn der erste Buchstabe eines Wortes fehlt: Muss ich jetzt das *A* oder das *a* zeigen? Jeder Schüler hat auf der Vorder- und auf der Rückseite seiner Karte den Großbuchstaben und den Kleinbuchstaben.

Eine Steigerung besteht darin, in den Sätzen zwei Auslassungen zu erlesen und entsprechend zu reagieren.

Es ist auch sinnvoll, jeden Schüler zwei Karten ziehen zu lassen, und dann sind noch mehr Entscheidungen zu treffen: Welche Laute/Buchstaben kommen infrage und wird das Wort großgeschrieben?

Wenn auch die seltener gebräuchlichen Laute/Buchstaben verteilt werden, hat der Schüler zwar nicht so viel Gelegenheit, seine Karte hochzuhalten – aber er trifft dieselben Lese-Entscheidungen wie seine Kollegen.

Schüler können den Buchstaben die Lautwerte zuordnen, Wörter erlesen und die entsprechenden Begriffe verstehen.

Arbeitsblätter mit Texten und Buchstabenkreisen

Zielsetzung:

Schüler sollen ihre Lesefertigkeit steigern. Sie lernen und üben, Buchstabenfolgen im Gedächtnis zu speichern.

Durchführung:

- Die Schüler lesen den Lückentext und sehen die in Kreisen angeordneten Buchstaben an: „Was wollen wir tun?"
- Die Wörter sind schnell erlesen. Nun müssen sie in die Lücken eingesetzt werden. Das erfordert die Gedächtnisleistung des Merkens der Buchstabenfolge B r u d e r. Wenn ein Schüler die Folge vergessen hat, muss er mühselig zwischen den Kreisen und dem Lückentext hin- und herspringen.

Nina hat ein Kaninchen bekommen.

Das gefällt ihrem ____________________

Maik so gut, dass er auch ein niedliches

____________________ haben möchte.

B r u d e r

Weitere Hinweise:

Texte und Buchstabenfolgen können nach diesem Einstieg an Umfang zunehmen.
Eine Steigerung besteht in der veränderten Leserichtung in den Buchstabenkreisen.
Wiederum eine Steigerung besteht in der Anordnung zweier Kreise mit einzelnen Buchstaben als „Schnittmenge".

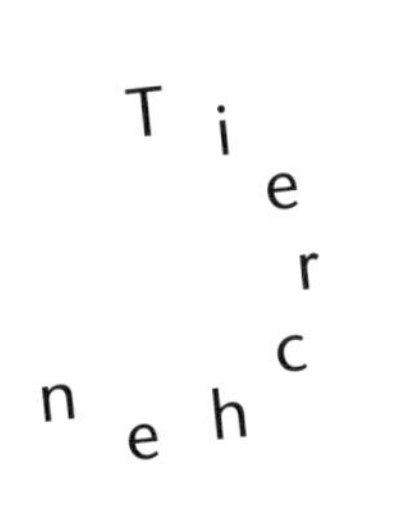

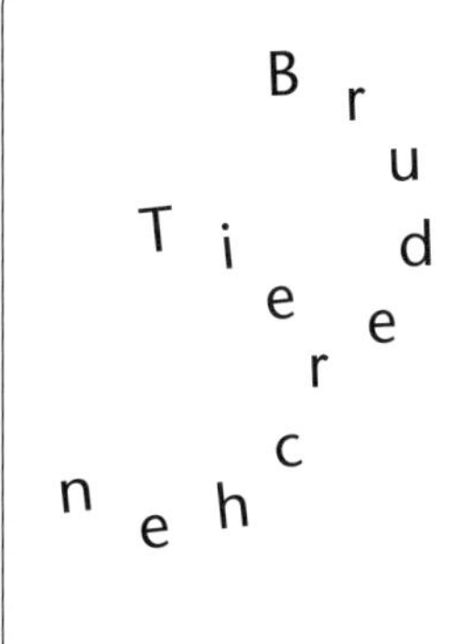

Schüler können den Buchstaben die Lautwerte zuordnen.

OHP-Folie mit den häufigsten Buchstaben in Schreibschrift:
Aa, Bb, Dd, Ee, Ff, Gg, Hh, Kk, Ll, Mm, Nn, Oo, Rr, Ss, Tt;
Papier, Schreibstifte

Zielsetzung:

Schüler sollen einzelne Buchstaben schnell erfassen und ihnen durch Bilden von Wörtern einen Sinn geben.

Durchführung:

- Lehrer: „Ich zeige euch jetzt Buchstaben, große und kleine. Aber ich zeige sie nur ganz kurz. Ihr müsst deshalb gut aufpassen und sofort jeden Buchstaben aufschreiben, den ihr gesehen habt. Ich mache erst mit dem nächsten Buchstaben weiter, wenn alle den Buchstaben aufgeschrieben haben. Ihr seid also nur schnell beim Aufpassen, nicht beim Schreiben."
- Lehrer verschiebt auf der Folie Blätter zum Abdecken so, dass nur ein Buchstabe projiziert wird.
- Sobald die Schüler den Buchstaben notiert haben: „Welches Wort beginnt mit diesem Buchstaben?"

Weitere Hinweise:

Erfahrungsgemäß sind die Schüler sehr auf das Licht des Projektors und auf das zu Erwartende konzentriert. Diese Chance sollte man nutzen und die Schüler für genau dieses Konzentrationsverhalten loben, z. B.: „Diese Ruhe ist ja herrlich und alle passen auf wie die Luchse."

Probleme beim Rechtschreiben entstehen weniger durch die Buchstaben im Anlaut eines Wortes. Schwieriger ist es, Laute und Buchstaben im Inlaut (fangen oder fanken?) und im Auslaut (krank oder krang?) zu realisieren. Deshalb wird auch nach Wörtern gefragt, die den notierten Laut als Inlaut oder als Auslaut eines Wortes haben.

Aus den notierten Buchstaben können auch Wörter gebildet werden, wenn sie z. B. in dieser Folge notiert werden: TEBT oder TORB usw.

Wenn den Lauten/Buchstaben Wörter zugeordnet werden, kann auch ein Satz mit dem Wort gefordert werden: Ich schlafe im Bett …

Schüler können die Buchstaben des Alphabets lautieren.

OHP-Folie und Arbeitsblatt (gleicher Inhalt):

Wenn wir sprechen, hören wir Laute. Wenn wir diese Buchstaben laut lesen, sprechen wir die Laute mit offenem Mund: *a, e, i, o, u*. Diese Laute heißen Selbstlaute, weil man nur sie hört. Das ist bei dem Laut *b* oder *k* anders. Selbstlaute werden auch verändert: *ä, ö,* und *ü* sind Umlaute.
Es gibt auch Doppellaute (Zwielaute), die aus zwei Selbstlauten gebildet werden: *ei, au, eu, äu*.

1. Unterstreiche die Selbstlaute in diesen Wörtern:
   Flasche – Regenwurm – Polizist – Motorrad – Schule – Tante
2. Unterstreiche in diesen Wörtern die Umlaute:
   Krähe – Schüler – Kröte – Käfer – Möwe – Flügel
3. Unterstreiche in diesen Wörtern die Doppellaute:
   Kreide – Mauer – Leiter – Bäume – Feuer – Leute

Zielsetzung:

Schüler sollen lernen, Selbstlaute in Wörtern zu identifizieren.

Durchführung:

- Schüler lesen gemeinsam die einleitenden Sätze zu den Selbstlauten.
- Lehrer lenkt die Aufmerksamkeit auf die Bildung der Selbstlaute mit offenem Mund.
- Schüler bearbeiten die Arbeitsaufträge schriftlich.
- Selbstlaute, Umlaute oder Zwielaute kommen nicht nur in Nomen vor. Schüler überlegen auch Tunwörter und benennen deren Selbstlaute, Umlaute oder Zwielaute: spielen, laufen, kaufen, beißen, fegen, spülen.

Weitere Hinweise:

Schüler suchen im Wörterbuch entsprechende Wörter und tragen sie in eine Tabelle ein.

Wörter mit Selbstlauten	Wörter mit Umlauten	Wörter mit Zwielauten

Ein Selbstlaut kann auch mit zwei Buchstaben dargestellt werden: Tee, Boot, Teer, Haar, Zoo usw. Auch hierzu können Wörter gesucht und geschrieben werden.

Schüler können in Wörtern die Buchstaben des Alphabets benennen und sie lautieren. Sie können die Selbstlaute identifizieren.

OHP-Folie und Arbeitsblätter (gleicher Inhalt):

a) Wenn wir sprechen, hören wir Laute. Wenn wir diese Buchstaben (*b, c, d, f, g, h, j, k, l, m, n, p, q, r, s, t, v, w, x, y, z* und *ß*) laut lesen, sprechen wir die Laute dazu mithilfe der Zunge und Zähne (*t*), der Lippen (*m*), der Zunge (*s*) oder des Rachens (*ch*).

b) Unterstreiche in den folgenden Wörtern die Mitlaute:
Farbe Vater Kind Mund Nase Arm

c) Ein Mitlaut kann im Wort auch aus zwei oder drei Buchstaben bestehen. Unterstreiche sie in den folgenden Wörtern:
Mutter Kuchen Schüssel Schule Kaffee Kinn

Zielsetzung:

Schüler sollen lernen, Mitlaute in Wörtern zu identifizieren.

Durchführung:

- Schüler lesen die Einführungssätze des Arbeitsblattes.
- Schüler sprechen die angegebenen Laute besonders betont, um zu spüren, wo (z. B. vorn im Mund) und womit (Lippe, Zähne usw.) sie gebildet werden.
- Lehrer spricht einzelne dieser Laute sehr betont und bittet Schüler, genau hinzuhören: „Hört ihr nur einen Laut wie beim *a* oder beim *i*?" So erfahren Schüler, dass immer etwas mitklingt. „Deshalb werden diese Laute als Mitlaute und auch als Mitklinger bezeichnet."
- Schüler bearbeiten das Arbeitsblatt.

Weitere Hinweise:

Nach diesen „Trockenübungen" empfiehlt sich ein lustiger Text. Hier werden farbig unterstrichen

- die Selbstlaute aus einem Buchstaben,
- die Mitlaute aus zwei Buchstaben und
- die Mitlaute aus drei Buchstaben.

Der passive Wortschatz der Schüler ist altersgemäß entwickelt.

Sammlung 1: sinngemäß falsche und richtige Sätze/Aussagen (aus der Lebenswelt der Schüler).
Beispiele: *Ich kann bis auf den Kirchturm springen. Die Gans hat zwei Beine. Schweine können fliegen.*
Sammlung 2: Begriffe, deren Inhalte groß, mittelgroß oder klein sind.
Beispiele: *Mäuse, Hühner, Elefanten.*

Zielsetzung:

Schüler üben das Zuhören auf gesprochene Sprache.

Durchführung:

- Sammlung 1: Lehrer: „Ich werde euch jetzt Sätze sagen. Wenn ein Satz richtig ist, hebt ihr die rechte Hand. Wenn der Satz aber etwas Falsches sagt, hebt ihr die linke Hand."
- Sammlung 2: Schüler gehen langsam im Kreis. Der Lehrer sagt z. B. „Elefant". Sobald die Schüler dieses Wort hören, gehen sie auf den Zehenspitzen weiter und recken dabei die Arme hoch – schließlich ist der Elefant ja groß. Bei mittelgroßen Dingen usw. gehen sie normal weiter. Bei kleinen Gegenständen gehen sie in die Knie und setzen den Gang fort.

Weitere Hinweise:

In leise durchgeführten Partnergesprächen werden Satzlisten (falsch/richtig) erstellt. Danach lesen die Partner ihre Sätze vor und die Mitschüler reagieren mit Handaufheben.

Wenn die Satzlisten sich auf den Sachunterricht beziehen, findet gleichzeitig eine Wiederholung des Sachthemas statt: Hunde und Katzen sind Säugetiere. Das Huhn und die Amsel sind Singvögel.

Auch die Wortlisten werden von Schülern erstellt. Sie „leiten" auch das Spiel/den Unterricht. Der Lehrer fungiert dann als Schiedsrichter/Moderator.

Schüler können wenigstens drei Minuten lang konzentriert dem Lehrer oder einem Mitschüler zuhören.

Klassen 1/2: Sammlung einfacher Sätze von vier bis fünf Wörtern in altersgemäßer Sprache (z. B. Der Hund bellt sehr laut). Die Sätze können auch einem Schulbuch entnommen sein.
Klassen 3/4: Sammlung von Sätzen bis zu zehn Wörtern (z. B. Nach der Schule bin ich mit dem Schulbus nach Hause gefahren). Auch diese Sätze können einem Schulbuch „Sachunterricht" entnommen sein.

Zielsetzung:

Schüler lernen und trainieren das Zuhören auf gesprochene Sprache. Dieses Training ist kein Hörtraining, bei dem es darum geht, Geräusche zu unterscheiden (schaben, tropfendes Wasser, schleichen).

Durchführung:

- Lehrer: „Ich spreche einen Satz und ihr hört genau zu. Ihr sollt euch alle Wörter merken." Lehrer spricht sorgfältig und langsam, z. B.: „Wir hatten gestern zum Kaffeetrinken Besuch."
- Zwei oder drei Schüler sagen, was sie von diesem Satz behalten haben. Wenn alle Wörter gesagt wurden, erfolgt ein Lob für das gelungene Zuhören, z. B.: „Gut, prima zugehört." Das Lob muss das Zuhören benennen; nur „gut" oder ein zustimmendes brummendes Nicken reicht nicht aus. Dann wissen die Schüler nicht unbedingt, welches Verhalten sie realisiert haben.

Weitere Hinweise:

In den nächsten Tagen erfolgt dieses Zuhörtraining mit dem Lehrer täglich zum Unterrichtsbeginn. Nach einer Woche nur noch an zwei Tagen und nach zwei Wochen nur noch an einem Tag.

Dann übernehmen die Schüler das Training. „Ihr wollt ja nicht nur mir zuhören, sondern auch euch und anderen Menschen. Deshalb habe ich das Zuhörtraining in euren Tages-/Wochenplan aufgenommen. Hier steht auch, wer mit wem trainiert. Die Partner wechseln ab und zu, weil ihr im Alltag auch nicht immer mit denselben Personen sprecht oder ihnen zuhört."

Lehrer beobachtet zu Beginn das Schüler-Zuhörtraining und korrigiert nicht. Stattdessen lobt er bei einigen Gruppen, dass sie ruhig trainiert und richtig gelobt haben – das Zuhören nämlich.

1.14 Wir bauen Wörter im Team

4 Min. Kl. 1/2

Schüler können altersgerechteTexte lesen.

Silbenkarten: Jeder Schüler bekommt eine Karteikarte mit einer Silbe auf der Vorderseite und auf der Rückseite;
Beispiele: *auf, ver, lau, fen, kau, den, len, ab, um*

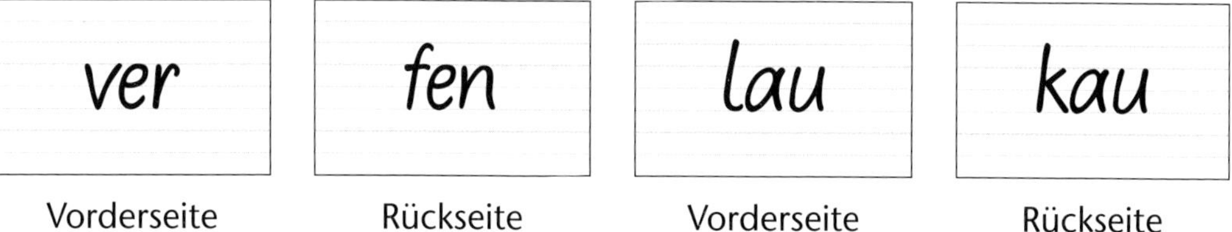

Zielsetzung:

Schüler sollen dem Höreindruck eines Wortes (Tunwortes) die geschriebenen Silben zuordnen.

Durchführung:

- Schüler sitzen im Kreis und können sich gegenseitig sehen.
- Lehrer sagt ein Wort (Tunwort). Schüler sehen auf ihre Karteikarte und lesen die Silben. Dann entscheiden sie, ob und welche der Silben das genannte Wort ergeben. Sie heben die Karte mit der passenden Seite/Silbe hoch. Wenn z. B. das Wort „gelaufen" genannt wird, zeigen drei Schüler ihre Karten hoch: ge | lau | fen. Das sehen/lesen alle anderen Schüler.
- Die Wörter werden jetzt in schnellerer Folge genannt. Schüler müssen schneller entscheiden und reagieren.

Weitere Hinweise:

Schüler erhalten jetzt auch Silben mit Großbuchstaben, sodass Nomen gebildet werden können.

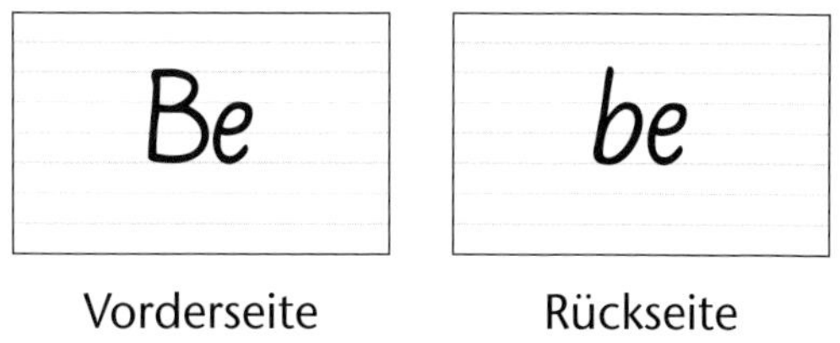

Wenn der Lehrer „besuchen" sagt, muss der Schüler entscheiden, ob er die Vorder- oder die Rückseite der Karte zeigt.

Schüler können altersgerechteTexte sinnentnehmend lesen.

Buchstabenbänder an der Tafel:

ninaundmaikhabenkaninchenbekommen.
dieelternhabenihnengesagt,dassdietieretäglichgefüttertwerdenmüssen.
außerdemsollderstalltäglichgereinigtwerden.

Zielsetzung:

Schüler identifizieren Worteinheiten in den Buchstabenbändern. Sie entscheiden über Groß- und Kleinschreibung und schreiben den Text auf.

Durchführung:

- Lehrer weist auf das Buchstabenband hin: „Was meint ihr dazu?"
- Im Gespräch entwickelt die Lerngruppe das weitere Vorgehen:
  - Wir machen Striche zwischen die Wörter und können dann besser lesen.
  - Einige Wörter müssen anders geschrieben werden, am Satzanfang schreiben wir groß und Namenwörter auch.
  - Wir schreiben die Sätze auf.

Weitere Hinweise:

Wenn alle Wörter mit Kleinbuchstaben geschrieben werden, müssen die Schüler über Groß- und Kleinschreibung entscheiden. Dann wird die gelernte Regel angewendet.

Wenn die Schüler selbst Buchstabenbänder herstellen, müssen sie erhebliche Lernleistungen vollbringen. Deshalb kann die Aufgabe darin bestehen, eine bestimmte/geringe Anzahl von Buchstabenbändern herzustellen, die dann gemischt und verteilt werden.

Einen doppelten Effekt haben Buchstabenbänder, wenn sie ein Sachthema aufgreifen:

Hundeundkatzensindsäugetieresiewohnenhäufigbeiunsmenschen.
wildehundeundkatzengibtesauch.

2.2 Es geht drunter und drüber

5 Min. ab Kl. 2

Schüler können altersgerechte Texte sinnentnehmend lesen.

OHP-Folie mit bekannten Begriffen als Kreuzwörter

Zielsetzung:

Schüler sollen Wortbilder in der Horizontalen und in der Vertikalen erkennen/erlesen können.

Durchführung:

- Lehrer projiziert das Kreuzworträtsel ohne Kommentar. Schüler sollen die waagerecht und senkrecht angeordneten Wörter erkennen und vorlesen.
- Sie sollen erkennen, dass Wortbestandteile zu mehreren Wörtern gehören können.
- Schüler bilden aus den Wörtern mündlich und schriftlich vollständige Sätze.

Weitere Hinweise:

- Schüler lesen weitere Kreuzwortbegriffe und bilden zunächst mündlich und dann schriftlich vollständige Sätze.
- Je mehr Begriffe zu verarbeiten sind, desto anspruchsvoller und gleichzeitig fördernder ist die Aufgabe.
- Schüler können Kreuzwortanordnungen mit bis zu vier Wörtern selbst entwickeln. Sie benötigen nur noch ein leeres Gitter.

			M		
			A		
		H	U	N	D
		U	S		
S	C	H	W	A	N
	E	N	T	E	

Schüler können altersgerechte Texte sinnentnehmend lesen.

Arbeitsblatt

Zielsetzung:

Schüler sollen lernen, einen Sachtext zielgerichtet zu befragen.

Durchführung:

- Schüler lesen den Text über das Eichhörnchen.
- Das Blatt wird umgedreht: „Wer möchte erzählen, was er gelesen hat?“ Erwartet wird, dass mehrere Schüler Teile des Textes behalten haben.
- Lehrer: „Es ist recht schwierig, alles zu behalten, was man gelesen hat.
  Das geht besser, wenn man Fragen an den Text stellt. Das funktioniert so: Man liest den ersten Satz und stellt dazu eine Frage. Lest jetzt die erste Frage und lest dann den ersten Satz.“
- Ein oder mehrere Schüler wiederholen die Frage und geben die Antwort.
- So verfährt jeder Schüler mit den weiteren Fragen.
- Wenn alle Schüler gelesen haben, werden die Fragen von Schülern gestellt und von Mitschülern beantwortet.

Weitere Hinweise:

Hier wurde der zu befragende Text noch vorgegeben. Es ist auch motivierend und förderlich, Sachbücher zu wählen und Sachtexte daraus fragend bearbeiten zu lassen.

Das Eichhörnchen

Eichhörnchen sammeln Nüsse, Bucheckern, Beeren und Pilze. Aber nicht nur Essbares sammeln sie. Auch Gras, Federn und weiches Moos werden gesammelt, um das Nest weich und warm zu polstern.

Und so versteckt das Eichhörnchen seine Nahrung: Mit den Vorderpfoten scharrt es ein Loch unter Baumwurzeln. Dann stopft es die Nahrung hinein. Zum Schluss kratzt es die Erde wieder zusammen und klopft sie darüber fest.

Andere Verstecke hat das Eichhörnchen in Baumhöhlen, Rindenrissen oder Astgabeln. Leider merkt sich das Eichhörnchen seine Verstecke nicht. Es kann sie aber absuchen. Dann hilft ihm sein gutes Näschen, mit dem es aus 30 Metern Entfernung die Haselnüsse im Boden riechen kann.

1. Was sammeln Eichhörnchen als Nahrung?

2. Woraus baut das Eichhörnchen sein Nest?

3. Wie versteckt es die gesammelte Nahrung?

4. Welche Verstecke benutzt das Eichhörnchen für seine Nahrung?

5. Wie findet es die Nahrung im Boden?

Schüler können altersgerechte Texte sinnentnehmend lesen.

Magnet, Tafelanschrieb:

> *Ein Magnet zieht Gegenstände aus Eisen an. Die Kraft des Magneten durchdringt Luft und Gegenstände, die nicht aus Eisen bestehen.*
>
> *Welche Gegenstände werden von einem Magneten angezogen?*
>
> *Was erfährst du über die Anziehungskraft des Magneten?*

Zielsetzung:

Schüler sollen einem Text Informationen entnehmen und diese als vollständige Sätze formuliert aufschreiben.

Durchführung:

- Schüler lesen zunächst den Text.
- Weil nicht alle Schüler einen Magneten kennen, weist der Lehrer auf den Magneten an der Tafel/Pinnwand/auf seinem Tisch hin.
- Ein Schüler liest die erste Frage und die Mitschüler melden sich zur Beantwortung der Frage. Meist erschöpft sich die Antwort in einem Wort. Lehrer fragt nach: „Kannst du deine richtige Antwort als Satz sagen?"
- Lehrer bittet jetzt um die Antwort zur zweiten Frage, als Satz formuliert.
- Schüler schreiben Fragen und Antworten wie gelernt auf.

Weitere Hinweise:

Dieser Einführung sollten weitere Arbeitsaufträge folgen. Die Texte stammen entweder aus dem Sachunterricht oder aus einer Zeitung.

Der Textumfang wird gesteigert.

Diese Art der Informationsgewinnung sollte in ihrer Bedeutung (für selbstständiges Lernen und Weiterbildung) erklärt und mit den Schülern erörtert werden.

Informationen sollten anhand eines Fragenkataloges zu einem bestimmten Thema einem Schulbuch entnommen werden und Teil des Wochenplans sein.

Schüler verfügen über einen altersgerechten aktiven Wortschatz.

Tafel, Abbildung eines bekannten heimischen Tieres, OHP-Folie mit Sachtext zu diesem Tier:

Die Hauskatze hängt sehr an ihrer Lebensstätte. Nur wenn sie dort bei den Menschen nicht genügend Nahrung geboten bekommt, streunt sie umher und verwildert. Sie verschafft sich mit ihrer Jagd auf Mäuse und Ratten eine Zukost. Hat sich die Katze einem Beutetier, etwa einer Maus, bis auf Sprungweite genähert, so duckt sie sich nieder und verharrt still und gespannt. Plötzlich drückt sie sich vom Boden ab und schießt im Sprung auf die Beute zu.

Zielsetzung:

Schüler sollen lernen, die Abbildung zu befragen/sinnvolle Fragen zu stellen und dem Sachtext die Antworten zu ihren Fragen zu entnehmen.

Durchführung:

- Schüler werden aufgefordert, zu dem abgebildeten Tier sinnvolle Fragen zu stellen. Lehrer erklärt, welche Frage z. B. nicht sinnvoll ist: „Wenn ein Schüler das Bild eines Elefanten sieht und dann fragt, ob man den Elefanten im Zoofachgeschäft kaufen kann, ist das keine sinnvolle Frage."
- Lehrer schreibt die Fragen der Schüler an die Tafel.
- Lehrer projiziert nun einen Sachtext zum abgebildeten Tier. Schüler lesen den Text und melden sich, wenn sie die Antwort auf eine der Fragen gefunden haben.
- Die Frage wird gelesen/gestellt und die Antwort wird aus dem Text herausgelesen.

Weitere Hinweise:

Eine Steigerung besteht darin, Abbildungen unbekannter Tiere (z. B. Silberfischchen) befragen zu lassen.

Schwieriger wird das Finden von Fragen zu Abbildungen von Personen oder zu ganzen (geschichtlichen) Szenen.

Schüler können altersgerechte Texte sinnentnehmend lesen.

Kopie mit einer Strophe aus dem Gedicht „Onkel Heini-Schlager“ von Kurt Schwitters (O, lieber Onkel Heini …) oder ähnliches Gedicht in dieser Art und Weise sowie einer Auswahl sich reimender Wörter:

Butter – Mutter	*Keller – Teller*	*Suppe – Puppe*
Schüssel – Rüssel	*Kanne – Pfanne*	*Kappe – Klappe*
Kammer – Hammer	*Himmel – Schimmel*	*Sonne – Tonne*
Pfanne – Wanne	*Watte – Matte*	*Falle – Kralle*

Zielsetzung:

Schüler sollen an Reime und Gedichte herangeführt werden.

Durchführung:

- Gespräch über gereimte Sätze: „Was ist ein Reim? Wer kennt Sätze, die sich reimen, deren letzte Wörter gleich/ähnlich klingen?“ (Nikolaus, komm in unser Haus, pack die große Tasche aus.)
- Schüler lesen die Strophe aus dem Gedicht (von Karl Schwitters).
- In Partnerarbeit überlegen sie mithilfe der Reimwörter Zweizeiler mit einem Reim. Es geht zunächst nur darum, überhaupt zu reimen:

  Wir stellen den Teller
  morgen in den Keller.

- Die Reime werden notiert und anschließend von allen Gruppen vorgelesen.

Weitere Hinweise:

Schüler werden gern reimen, weil (wie z. B. bei Schwitters) Situationen oder Handlungen komisch bildhaft werden. Das gelingt noch besser, wenn zwei Zweizeiler kombiniert werden:

Die Suppe auf dem Teller
steht immer noch im Keller,
der Elefant mit seinem Rüssel
probiert was aus der Schüssel.

Schüler können altersgerechte Texte sicher lesen.

OHP-Folie mit folgenden Silben (Schreibschrift):
sen – Schu – keit – Si – Auf – sam – Un – Pau – Pau – richt – cher – merk – le – ter – he – se – hof;
Blätter zum Abdecken der Folie; Papier und Schreibstifte

Zielsetzung:

Schüler sollen optisch schnell Silben erfassen, sinnvolle Wörter bilden und ihre Lesefertigkeit steigern.

Durchführung:

- Lehrer: „Ich zeige jetzt nacheinander Silben, aber ich zeige sie nur ganz kurz. Danach verdecke ich sie sofort wieder. Ihr schreibt die Silbe sofort sorgfältig auf. Sorgfältig deshalb, weil ihr später daraus Wörter bilden und aufschreiben sollt. Dann ist es wichtig, die eigenen Notizen lesen zu können. Wenn ihr eine Silbe gesehen habt, sprecht ihr sie bitte nicht laut aus, das könnte bei den Mitschülern zu Irrtümern beim Schreiben führen."
- Lehrer: „Aus den Silben werden jetzt Wörter, die ihr aufschreibt."

Weitere Hinweise:

Es kann hilfreich sein zu sagen, dass Namenwörter/Nomen/Hauptwörter aus den Silben entstehen sollen – und diese beginnen mit einem Großbuchstaben.

Eine Steigerung kann darin bestehen, zusätzlich zu den Silben der Nomen auch Silben von Verben und Adjektiven anzubieten.

Denkbar ist auch, nur Silben von Verben oder Adjektiven anzubieten. Wenn dann vor dem Schreiben der Wörter die Rechtschreibregeln wiederholt werden, folgt mit dem Schreiben sofort die praktische Umsetzung der Regel (Verben werden klein ...).

Schüler können ungeübte altersgerechte Texte lesen.

Tafel, OHP-Folie

Zielsetzung:

Schüler sollen aus sinnlos angeordneten Buchstaben sinnvolle Wörter bilden und die Regeln der Groß- und Kleinschreibung wiederholen.

Durchführung:

- Lehrer hat die vorbereitete Folie aufgelegt. Er gibt keine Arbeitsanweisung und sagt lediglich: „Was würdet ihr damit machen?"
- Schüler sehen: MRCHBAU HCFSLA FECHSIAT
- Schüler finden sehr wahrscheinlich in der ersten Buchstabenkombination: Buch, Bach, Bauch, Raum, Baum. Diese Wörter werden vom Lehrer sofort nach Nennung an die Tafel oder auf die Folie geschrieben.
- Lehrer weist auf die nächste Buchstabenkombination.
- Er gibt einen Denkanstoß in Form indirekter Lenkung: „Ihr habt gerade viele Wörter gefunden, die man großschreibt. Welche Wörter findet ihr jetzt noch?"
- Schüler nennen jetzt idealerweise *falsch* und *flach*. (Wenn sie *Schaf, Schal, Schlaf* oder *Fach* nennen, dann werden diese Wörter ignoriert.)
- Lehrer schreibt provozierend fehlerhaft *Falsch* und *Flach*. Es entwickelt sich ein Gespräch über Groß- und Kleinschreibung, in dessen Verlauf die Regeln wiederholt genannt werden.
- Die letzte Buchstabenkombination wird ebenso bearbeitet.

Weitere Hinweise:

Schüler erhalten den Auftrag, in Kleingruppen ähnliche Buchstabenkombinationen zu entwickeln.

Am nächsten Tag/später werden die vergrößert kopiert und z. B. in der Pausenhalle aufgehängt.

Schüler können die Großbuchstaben in Druckschrift schreiben und geübte Wörter lesen.

OHP-Folie (wie Muster)

Zielsetzung:

Schüler lernen eine motivierende Art des Übens von Lernwörtern kennen.

					B
				B	*L*
			B	*L*	*A*
		B	*L*	*A*	*U*
	B	*L*	*A*	*U*	
B	*L*	*A*	*U*		

					R
				R	*O*
			R	*O*	*L*
		R	*O*	*L*	*L*
	R	*O*	*L*	*L*	*E*
R	*O*	*L*	*L*	*E*	*R*
O	*L*	*L*	*E*	*R*	
L	*L*	*E*	*R*		
L	*E*	*R*			
E	*R*				
R					

Durchführung:

- Lehrer zeigt am Beispiel BLAU, wie diese Figur zustandegekommen ist.
- Schüler schreiben entsprechend das nächste Lernwort mit Bleistift in die Felder/Kästchen.
- Lehrer korrigiert bei Bedarf individuell.
- Wer die Buchstaben bei drei Wörtern richtig eingeordnet hat, darf die Buchstaben des nächsten Wortes farbig eintragen.

Weitere Hinweise:

Beim farbigen Schreiben entstehen reizvolle Figuren. Schüler umranden diese mit Filzstift (und Lineal!). Anschließend schneiden sie sie so aus, dass der farbige Rand stehen bleibt.
Eine Würdigung ihrer künstlerischen Schreibübung erfahren Schüler, wenn die ausgeschnittenen Figuren auf ein großes Blatt geklebt und in der Pausenhalle aufgehängt werden.
Beim Aufkleben ergeben sich wiederum interessante Kombinationen, wenn z. B. die Figur des BLAU direkt an die Figur des ROLLER reicht.

Schüler können den Buchstaben die Lautwerte zuordnen.

OHP-Folie mit Lernwörtern des nächsten Diktates; für jeden Schüler 1 DIN-A4-Blatt mit 10 bis 15 leeren Worttreppen und dieser Beispieltreppe

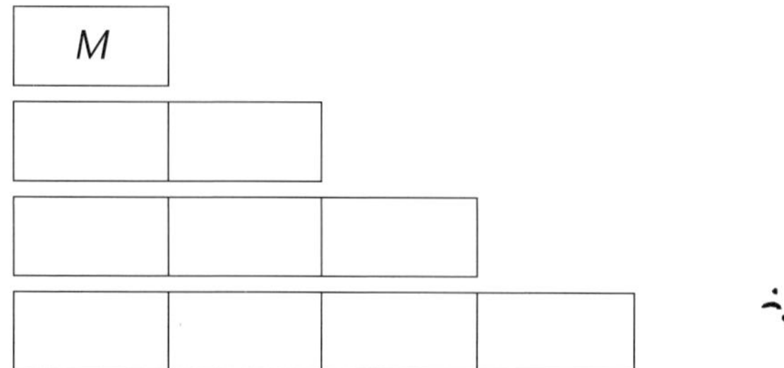

Zielsetzung:

Schüler lernen eine Übungsform zur Diktatvorbereitung.

Durchführung:

- Schüler lesen zunächst die Lernwörter, die als Diktat geschrieben werden sollen.
- Am Beispiel der Worttreppe MAUS wird ihnen erklärt, worin die Übung besteht: „Oben auf der Treppe ist der erste Buchstabe des Lernwortes eingetragen. Es fehlen nur noch die weiteren Buchstaben, die wir eintragen."
- Wenn Sie diese Erklärung nicht für erforderlich halten, geht es auch so: „Hier ist eine Treppe und hier seht ihr ein Tier. Was haben die Treppe und das Tier miteinander zu tun?"
- Die anderen Worttreppen werden gemeinsam überlegt und gefüllt.

Weitere Hinweise:

Im Beispiel oben wurde eine Maus abgebildet. Statt einer Abbildung kann auch ein kleiner Text neben der Treppe stehen: Ich bin ein kleines Tier mit Fell. Weil die Schüler die Lernwörter bereits gelesen haben und nun erneut lesen, dürfte der Lerneffekt größer sein als mit der Abbildung.

Schüler müssen wesentlich mehr leisten, wenn nur einer der Inlaute des gesuchten Wortes angegeben ist, z. B. das *a* der Maus.

Als Übungsaufgabe eignet sich das selbstständige Zeichnen von Worttreppen auf kariertem Papier. Dann wählen die Schüler ihre Lernwörter selbst aus.

Schüler können altersgerechte Texte sinnentnehmend lesen.

Tafelanschrift:

ler – Rol – ler – Pfan – pich – Sup – Kof – pe – mer – ne – sel – ne – Tep – pe – Kel – Schüs – pe – Schlüs – ne – Was – Fut – Mes – sel – fer – Spin – Trep – ser – Map – ser – Ham – ter – Kan

Anschrift im Innenteil der Tafel:

Roller – Pfanne – Suppe – Koffer – Teppich – Keller – Spinne – Treppe – Schüssel – Schlüssel – Wasser – Futter – Messer – Mappe – Hammer – Kanne

Zielsetzung:

Schüler sollen verstehen, wie Wörter mit doppeltem Mitlaut getrennt werden.

Durchführung:

- Schüler setzen die Silben zuerst mündlich, danach schriftlich zu Wörtern zusammen.
- Lehrer klappt die Tafel auf: „Ich habe die Wörter hier aufgeschrieben. Vergleicht sie mit euren Wörtern und berichtigt sie, wenn Fehler aufgetreten sind."

Weitere Hinweise:

Lehrer: „Diese Wörter sollen jetzt als Partnerdiktat geschrieben werden. Wenn ihr diktiert, sprecht ihr zuerst das Wort so aus, wie ihr es immer sprecht. Dann sprecht ihr die Silben ganz deutlich getrennt, z. B. Ham - mer. Erst dann wird geschrieben."

Lehrer: „Derjenige, der diktiert, sieht genau hin, was sein Kollege schreibt. Sobald ein Fehler entsteht, spricht er leise STOPP, sagt aber den Fehler nicht. Der Fehler soll möglichst selbst gefunden werden. Manchmal hilft es auch, wenn der schreibende Schüler das Wort noch einmal ganz deutlich spricht und dabei auf das Geschriebene sieht und vergleicht."

Schüler können altersgerechte Texte sinnentnehmend lesen.

Merkblatt „Wie ich ein Diktat übe"

Zielsetzung:

Schüler sollen lernen, einen Diktattext selbstständig zu üben.

Durchführung:

- Lehrer geht mit den Schülern das Merkblatt durch und vergewissert sich, dass alle Punkte verstanden wurden.
- Lehrer geht vor allem auf die Punkte 1, 4 und 5 ein: „Wir tun jetzt einmal so, als müsstet ihr einen dieser Sätze des Merkblattes für ein Diktat üben.
- Welche Wörter auf dem Merkblatt findet ihr schwierig zu schreiben, welche sind euch noch fremd?"
- Langsam und halblaut lesen, das will gelernt sein, und wenn sich die Nichtleser ruhig verhalten haben, werden beide verbal bekräftigt: „Du hast schön langsam gelesen und die anderen haben ruhig zugehört. So macht der Unterricht Spaß!"

Wie ich ein Diktat übe

1. Ich lese langsam und halblaut den ganzen Text. Wenn ich ein Wort nicht verstanden habe, frage ich.
2. Ich lese den ganzen Text einem Mitschüler vor. Er sagt mir, ob er alles verstanden hat.
3. Ich schreibe den Text sorgfältig ab. Beim Schreiben spreche ich leise mit.
4. Ich unterstreiche (Lineal) die Wörter, die ich noch nicht oft geschrieben habe und die ich schwierig finde.
5. Diese Wörter lese ich ganz langsam und halblaut. Dann lese ich noch einmal eines dieser Wörter, schreibe es auswendig auf und vergleiche es. Wenn ich es nicht richtig geschrieben habe, schreibe ich es noch einmal auf.
6. Dann lese ich immer einen Satzteil, schreibe ihn auswendig auf und vergleiche. Wenn etwas falsch war, schreibe ich das fehlerhafte Wort noch einmal auf. Sonst mache ich mit dem nächsten Satzteil weiter.
7. Ich lese einen Satz und merke ihn mir. Dann lasse ich mir diesen Satz oder einen Teil diktieren (Partnerdiktat).
8. Dann lasse ich mir den ganzen Text diktieren.
9. Wenn noch einige Wörter falsch waren, übe ich diese Wörter noch einmal wie in Punkt 5.
10. Mir macht das selbstständige Üben Spaß und ich lasse mir noch einmal ein paar Sätze, Wörter oder sogar den ganzen Text diktieren.

Schüler können den Buchstaben die Lautwerte zuordnen, verfügen über einen altersgerechten Wortschatz und können normgerecht sprechen.

Arbeitsblatt:

> Lies genau, dann findest du alle Fehler.
> Du findest Wörter für Möbel, Tiere und Berufe.
>
> Schreibe alle Wörter richtig auf.
>
> Kaml Tish Tischle Perd Sesel Vergäuferin Stuh Shaf
>
> Kateze Beet Schloser Muas Schriebtisch Fish Tuhe
>
> Ragel Schwien Schrang Elfant Aneise Hirsh Rate
>
> Päcker Schmecke Frisö Regnwurm Lehre Schrenk Muarer

Zielsetzung:

Schüler sollen Rechtschreibfehler durch genaues Lesen identifizieren lernen und so die Rechtschreibleistung verbessern.

Durchführung:

- Erfahrungsgemäß befassen sich Schüler sofort mit einzelnen Wörtern und übersehen die Einleitung „Du findest". Deshalb soll diese Einleitung erörtert werden: „Welche Möbel kennt ihr? Welche Tiere und Berufe kennt ihr? Wozu dienen die Möbel, die ihr genannt habt? Was macht eine Verkäuferin?" Würde man dies nicht erörtern, würde aus dem „Beet" richtig „Beete" entstehen können. Weil die Übungswörter aber thematisch festgelegt sind, kann aus „Beet" nur das Möbelstück „Bett" entstehen.

Weitere Hinweise:

Wenn in Ihrem Ort Dialekt oder Niederdeutsch (Platt) gesprochen wird, kann ein Schüler „Schwien" nicht für falsch halten, vielleicht auch die „Vergäuferin" und den „Tischle" nicht. Dann ist es ihre Aufgabe, diese Wörter in der Erörterung zu den Berufen usw. besonders deutlich zu sprechen. Eventuell fragen Sie die Schüler nach dem Tier, das uns Fleisch und Wurst liefert und nicht Schwien, sondern Schwein heißt. Wenn beim Tischle das *r* in der Aussprache fehlt, fragen Sie nach dem letzten Buchstaben/Laut dieses Wortes.

Schüler können den Buchstaben die Laute sicher zuordnen.

OHP-Folie mit Lernwörtern des nächsten Diktates oder Tafel mit vorbereiteten Wörtern (zugeklappt)

Zielsetzung:

Schüler sollen einem nur vorgestellten Wortbild die Laute zuordnen.
Damit wird eine der Voraussetzungen für das Rechtschreiben geschaffen.

Durchführung:

- Schüler lesen die Lernwörter an der Tafel langsam und sorgfältig halblaut gesprochen.
- Schüler und Lehrer sitzen im Kreis. Die Wörter sind nicht mehr zu sehen. „Welches Wort wollen wir bearbeiten?" Schüler schlagen eines der Lernwörter vor. Lehrer stimmt zu und gibt das Zeichen zum Anfang: „Justin sagt den ersten Laut" (es wird lautiert und nicht buchstabiert!). Der Reihe nach wird von jedem im Kreis ein Laut angefügt, bis das Wort mit dem letzten Laut vollendet ist.
- So wird Wort für Wort bearbeitet.
- Lehrer: „Wir werden jetzt als Team arbeiten und jeder kann zur erfolgreichen Teamarbeit beitragen. Ihr lautiert wieder und ich schreibe nach jedem Laut an die Tafel. Sagt mir auch, wenn ein Fehler aufgetreten ist, und helft, das Wort richtig zu schreiben."
- Zum Schluss der Übung folgt ein kurzes Gespräch über den Verlauf und über die positiven Teile der Teamarbeit.

Weitere Hinweise:

Die Rolle des schreibenden Lehrers wird von verschiedenen Schülern übernommen.

Die Übung kann auch in Partnerarbeit durchgeführt werden.

Schüler können altersgerechte Texte sicher lesen.

Wortsammlung mit Nomen, Verben und Adjektiven kopieren; das erste Wort ist mit Silbenbogen versehen.

Zielsetzung:

Schüler sollen das Partnerdiktat lernen.

Durchführung:

- Lehrer: „Ihr seht unter dem ersten Wort Silbenbogen. Diese schreiben wir jetzt auch unter die anderen Wörter. Ich spreche die Wörter deutlich vor und ihr hört dann, wo die Bogen gemacht werden müssen."
- Lehrer: „Heute lernt ihr, wie man ein Partnerdiktat durchführt: Einer diktiert, und der andere schreibt. Beim Diktieren und beim Schreiben helfen euch die Silbenbogen. Und so sprecht und diktiert ihr das Wort: Schu-le, also mit einer kleinen Pause nach dem Silbenbogen. Der schreibende Schüler spricht noch einmal innerlich die Silben mit der Pause – und schreibt dann das Wort auf. Nun liest er das, was er geschrieben hat: Klingt es genau so, wie es diktiert wurde?"

Weitere Hinweise:

Nach dem Wortdiktat kann ein kurzer Text mit dem Partnerdiktat geübt werden.

Es werden oft dieselben Schüler sein, die lieber diktieren als schreiben. Das ist zwar verständlich, aber nicht förderlich. Deshalb sollte regelmäßig gewechselt werden.

Sobald ein Text diktiert wird, sollten die diktierenden Schüler so verfahren:

- Erst wird der ganze Satz langsam und deutlich vorgelesen. So weiß der Schreibende, welchen Sinn der Satz hat. Er schreibt aber noch nicht, sondern hört nur zu.
- Diktiert wird dann abschnittsweise. Abschnitte ergeben sich aus dem Sinn (Gestern waren wir …) oder sie werden nach drei bis vier Wörtern geschaffen.

Wenn Sie mit Tages- oder Wochenplänen arbeiten, kann das Partnerdiktat immer wieder Bestandteil des Planes sein.

Schüler können altersgerechte Texte sinnentnehmend lesen.

Tafeltext:

loben, toben, Geld, Feld, Blatt, schwimmen, rechnen, fegen, legen, Heft, Brett, Besen, Spaten, Löwe, Tatze, Nacht, Tag, Abend, Schule, Obst, Brot, Saft, fahren, sehen, Brille, Birne, Kinn, Ohren;

Arbeitsblatt „Wörter mit ss und ß"

Zielsetzung:

Schüler sollen entscheiden lernen, welche Wörter mit *ß* und welche Wörter mit *ss* geschrieben werden.

Durchführung:

- Schüler lesen die einleitenden Sätze des Arbeitsblattes.
- Was ist kurz gesprochen oder lang gesprochen? Das muss den Schülern durchaus nicht bewusst sein. Deshalb wird der Unterschied an den Wörtern des Tafelanschriebs verdeutlicht, die von möglichst vielen Schülern betont deutlich gesprochen werden.
- Schüler finden weitere Beispiele – zunächst für Wörter mit kurz gesprochenen Selbstlauten, danach für lang gesprochene Selbstlaute im Wort.

Weitere Hinweise:

Schüler schreiben in Partnerarbeit Sätze mit zehn Wörtern des Arbeitsblattes.

Sie schreiben fünf lustige Sätze mit je einem Wort *ss* und *ß*, z. B.: Wir beißen in den Sessel.

Wörter mit *ss* und *ß*

Vielleicht ist dir schon aufgefallen:

In manchen Wörtern werden die *s*-Laute „scharf" gesprochen, aber sie werden unterschiedlich geschrieben: Klasse – Straße.

Merksätze:

Folgt *s* nach einem kurz gesprochenen Selbstlaut (Fass), wird ss geschrieben.

Folgt *s* nach einem lang gesprochenen Selbstlaut (grüßen), wird *ß* geschrieben.

Fülle die Lücken in den Wörtern mit *ss* oder mit *ß* aus.

Flu___	flü___ig	Gru___	Wi___en
flie___en	rei___en	Ka___e	Schlo___
Stra___e	Fü___e	gie___en	Ku___
me___en	bei___en	Se___el	na___e
Schlu___	gro___	grö___er	hei___en
Kla___e	Klo___	Pa___	

Schüler können den Buchstaben die Lautwerte zuordnen.

OHP-Folie mit Lernwörtern des nächsten Diktates oder Tafel mit vorbereiteten Wörtern (zugeklappt), 2 springfähige Bälle

Zielsetzung:

Schüler üben die Rechtschreibregel „Nach einem kurz gesprochenen Vokal folgt ein Doppellaut" (*ss, ck, ll, mm, nn, tz, bb, pp, ff, rr, tt*) anhand der Lernwörter des Diktates.

Durchführung:

- Schüler und Lehrer sitzen im Kreis, zwei Schüler haben einen Ball. Lehrer nennt eines der Lernwörter. Wird bei einem Wort der Vokal kurz gesprochen und es folgt eine Schärfung durch den Doppellaut, tippen die Schüler mit dem Ball auf den Boden. Dieses Auftippen soll das kurze „Auftippen" des Vokales andeuten.
- Wenn der Vokal in genanntem Wort gedehnt wird (fahren, raten), rollen die Schüler den Ball zum Lehrer. So wird die Dehnung des Vokales angedeutet.
- Wenn die Bälle aufgetippt wurden, sollen die Schüler ohne Ball sagen, welche Laute nach dem kurzen Vokal folgen.

Weitere Hinweise:

„Ballschüler" wechseln nach drei Wörtern.

Was wird daraus? „Ballschüler" überlegen vor der Runde zwanzig Wörter, zehn mit kurzem Vokal und zehn mit langem Vokal. Jeder „Ballschüler" ist für zehn Wörter zuständig. Er sagt der Gruppe im Kreis den Anfangslaut eines Wortes (z. B. K/k) und tippt den Ball oder er rollt den Ball. Mitschüler müssen ein passendes Wort finden (kommen, kamen, Kaffee, Kuh). Wenn die genannten Wörter nicht den geplanten Wörtern der „Ballschüler" entsprechen, können sie selbstverständlich im Sinne der Regel richtig sein. Ob richtig oder falsch, sagen beide „Ballschüler", eventuell nach einer Beratung mit der Gruppe. Lehrer ist Schiedsrichter und greift ein, wenn es unbedingt erforderlich wird.

Schüler können altersgerechte Texte sinnentnehmend lesen.

Schere, Heft oder liniertes Blatt, Schreibstifte, Arbeitsblatt:

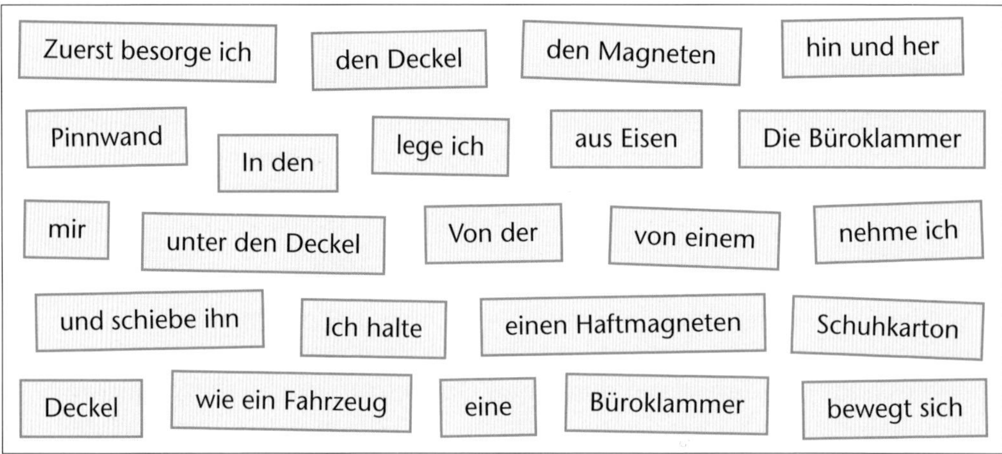

Zielsetzung:

Schüler sollen Satzbruchstücke zu einem sinnvollen Ganzen zusammenstellen. Diese Übung ist gleichzeitig Vorbereitung zum Verfassen von Texten.

Durchführung:

- Schüler verschaffen sich lesend einen Überblick.
- Sie fassen mit eigenen Worten zusammen, wie sich einzelne Sätze und schließlich der fertige Text anhören soll.
- Schüler entscheiden,
  - ob sie die Bruchstücke ausschneiden, passend hinlegen und dann aufschreiben oder
  - ob sie nicht schneiden und sofort aufschreiben oder
  - ob sie die Bruchstücke nummerieren und der Reihe nach aufschreiben.
- Dann führen sie die Arbeit durch.

Weitere Hinweise:

Erschwert wird dieser Arbeitsauftrag durch den Einbau von Satzbruchstücken, die zu einem völlig anderen Thema gehören.

Kombiniert mit dem Üben der Groß- und Kleinschreibung können die Bruchstücke einheitlich in Groß- oder Kleinbuchstaben geschrieben werden.

Schüler können altersgerechte Texte lesen.

Tafelanschrieb:

Bolivien in Indianer. Indianer wandern die, um Jagdgründe neue zu finden. Sie Wild weiter, wenn alles ziehen abgeschossen ist.

Zielsetzung:

Schüler sollen eine sachlogische Folge der Begriffe eines vom Sinn her verdrehten Textes herstellen. Sie schaffen damit eine wesentliche Grundlage für das Schreiben von Sachtexten.

Durchführung:

- Im Gespräch über das Leben der Indianer werden die Kenntnisse der Schüler aktiviert.
- Schüler erhalten den verdrehten Text, den sie mündlich berichtigen.
- Zum Schluss wird der Text von jedem Schüler berichtigt aufgeschrieben.

Weitere Hinweise:

Für die Klassen 1/2 müssen die verdrehten Texte/Sätze kürzer sein, z. B.: spielt David Hund dem mit.

Die Texte sollten zum Sachunterricht passen. Dann wird es den Schülern zunehmend gelingen, selbst Texte zu Sachthemen zu verfassen.

Diese Arbeitsaufträge eignen sich gut für Tages- und Wochenpläne und sollten allmählich an Umfang zunehmen.

Schüler können altersgerechte Texte sinnentnehmend lesen.

Tafel, Arbeitsblatt

Ersetze die Tunwörter durch ein passenderes/treffenderes Wort.
- Johannes macht die Striche mit der freien Hand.
- Im Herbst gehen die Vögel nach dem Süden, um hier zu überwintern.
- Tabea kräht während der Hausaufgaben ein Lied.
- Morgen nahen meine Großeltern zu meinem Geburtstag.
- Der kleine Junge begann zu zischen, als er hingefallen war.

Setze passende/zutreffende Tunwörter ein.
- Das Baby __________ in der Badewanne.
- Die Pferde können den Wagen kaum von der Stelle __________.
- Gegen seinen Husten __________ der Arzt ihm eine Medizin.

Hier sind Tunwörter verboten.
- Das Motorrad __________ die Straße entlang. Verboten ist „fährt".
- Johanna __________ die Holzlatte mit der Säge in drei gleich große Stücke. Verboten ist „sägt".

Zielsetzung:

Schüler sollen lernen, Tunwörter/Verben als sachlich passend/unpassend/treffend/nicht treffend zu reflektieren. Sie schaffen damit eine wesentliche Grundlage für das Schreiben von Texten.

Durchführung:

- Lehrer schreibt an die Tafel: *Als das Kaninchen im Garten die Katze sieht, geht es weg.* „Seid ihr mit diesem Satz einverstanden?" Erwartet wird sinngemäß, dass das Kaninchen in diesem Fall nicht einfach nur weggeht, sondern erschreckt wegspringt.
- Lehrer: „Ihr seht, man muss schon gut nachdenken, wenn man ein passendes Tunwort finden und verwenden will." Schüler sollen sich nicht nur für ein Tunwort entscheiden, sondern ihre Wahl auch begründen: Kaninchen gehen niemals, sie springen/hoppeln und sind sehr scheu/schreckhaft.
- Schüler bearbeiten dann das Arbeitsblatt.

Weitere Hinweise:

Schwieriger wird es, wenn Schüler selbst einen Text entwerfen müssen: Wir spielen Verstecken. Hier geht es darum, geeignete Verstecke aufzusuchen, und das ziemlich schnell. Die Verstecke sind Büsche oder Hausecken oder die Abfalltonne, hinter die man sich bückt. Aber man muss sich ja dorthin bewegen, gehen, laufen, rennen, flitzen, schleichen, kriechen, huschen usw.

Schüler können altersgerechte Texte sicher lesen.

Wörterbuch, Arbeitsblatt (wie Muster):

Licht einschalten	bel
Kraftstoff	Ben
Reinigungsgerät	Be
Der Himmel ist	bew
Er macht es sich	beq

Zielsetzung:

Schüler sollen den Gebrauch eines Wörterbuches/Lexikons üben und lernen, sich gezielt Informationen zu beschaffen. Sie schaffen damit eine wesentliche Grundlage für das Schreiben von Texten.

Durchführung:

- Lehrer: „Ihr habt ein Wörterbuch und ein Arbeitsblatt vor euch liegen. Auf dem Arbeitsblatt stehen links Wörter wie *Kraftstoff* oder *Reinigungsgerät.* Rechts daneben soll das gesuchte angefangene Wort vollständig aufgeschrieben werden. Wo finden wir das gesuchte Wort im Wörterbuch?"
- Wenn die Schüler den Arbeitsauftrag verstanden haben, werden die ersten drei Begriffe noch gemeinsam gesucht.
- Danach bearbeitet jeder Schüler sein Arbeitsblatt selbstständig.

Weitere Hinweise:

Jeder Schüler stellt ein entsprechendes Arbeitsblatt her. Die Blätter werden verteilt, sodass jeder Schüler ein fremdes Arbeitsblatt bearbeitet.

Der Wortschatz der Schüler kann erweitert werden, wenn man über den altersgemäßen Wortschatz hinausgeht: Büchersammlung = Bibliothek, Lehre von der Natur = Biologie usw.

Diese Arbeitsblätter können/sollten Bestandteil von Tages- und Wochenplänen sein.

Schüler können altersgerechte Texte sinnentnehmend lesen.

Arbeitsblatt mit dem folgenden Beispiel und weiteren Begriffen, die bewusst zum Nicht-Sinn verarbeitet werden sollen:

Essen – steht – Tisch (Nicht: Das Essen steht auf dem Tisch. Sondern: Der Tisch steht auf dem Essen.)

Angler – angelt – Fisch. *Hund – liegt – Rasen.*
Topf – steht – Herd. *Biene – sitzt – Blüte.*
Glocke – hängt – Kirchturm.

Zielsetzung:

Schüler sollen lernen und üben, bewusst mit Sprache umzugehen und den Sätzen einen Sinn zu geben. Sie sollen gleichzeitig lernen, wie aus sinnvollen Wörtern ein (witziger) Nicht-Sinn entsteht. Beides ist eine hervorragende Vorbereitung auf das Schreiben von Texten/Aufsätzen.

Durchführung:

- Schüler schreiben wie im Beispiel beide Versionen auf.
- Dann werden Kleingruppen (3–4 Schüler) gebildet, die weitere Begriffskombinationen finden und aufschreiben.

Weitere Hinweise:

Sinn und Nicht-Sinn der Sätze werden erst erkannt, wenn man sie sich bildhaft vorstellt. Dieses Bildern als Methode ist eine wesentliche Voraussetzung für kreatives Denken.

Es lohnt sich, die bildhaft vorgestellte Situation auch bildlich darzustellen. Dabei hilft der Kopierer, der die Abbildung einer Glocke vergrößert und den Kirchturm klein belässt. Dann wird nur noch ausgeschnitten und geklebt. Und schon hängt der Kirchturm in der Glocke.

Schüler können altersgerechte Texte sinnentnehmend lesen.

Reihen ungeordneter Wörter; die Bedeutung ist den Schülern begrifflich klar:
Ball – Auto – Straße – Unglück
Bild – Farbkasten – Papier – Nele
Familie – Ostsee – Justin – Urlaub
Mutter – Kartoffeln – Bratpfanne – Schälmesser – Bratkartoffeln

Zielsetzung:

Schüler sollen aus ungeordnet gebotenen Wörtern/Begriffen sinnvolle Assoziationsreihen bilden.

Durchführung:

- Lehrer: „Diese Wörter gehören zusammen, man kann aus ihnen einen Satz bilden/bauen. Aber die Reihenfolge der Wörter stimmt nicht ganz. In welcher Reihenfolge sollen sie stehen?"
- Wenn Schüler eine sachlogisch falsche Reihe vorschlagen (z. B. Auto – Straße – Ball – Unglück), sollen sie die vorgestellte Situation beschreiben und ändern. Alle Schüler helfen dabei und begründen ihre Vorstellung. Lehrer fungiert als Moderator.
- Auch bei einer richtigen Reihenfolge sollen die Schüler die vorgestellte Situation beschreiben.
- Das vorstellende Bilden kann so gefördert werden: „Wenn ein Zeichner dazu eine Bildergeschichte zeichnen müsste: Was sollte er zeichnen und wo sollte er auf dem Papier zum Beispiel das Unglück zeichnen, als erstes Bild doch sicher nicht?"

Weitere Hinweise:

Zum Wochenanfang werden häufig im Stuhlkreis die Begebenheiten vom Wochenende berichtet. „Könntest du dazu einige Wörter nennen, die man in eine Reihe bringen kann?"

Wenn dem Schüler diese Wörter gelingen, sollen Mitschüler diese wenigen Wörter wiederholen und sich daran orientierend das erzählen, was vorher berichtet wurde.

Assoziationsreihen können auch nach dem Lesen von Sachtexten erstellt werden. Sie dienen dann als Gedächtnisstütze, um einen zusammenhängenden Text zu schreiben: an – Magnet – Eisen – Gegenstände – zieht.

Schüler können altersgerechte Texte sinnentnehmend lesen.

Arbeitsblatt mit Abbildung (wie Muster)

Zielsetzung:

Schüler sollen lernen, genau das zu beschreiben, was sie sehen, als Vorbereitung auf das Schreiben von Aufsätzen.

Durchführung:

- Lehrer: „Es ist oft wichtig, sich klar auszudrücken. Als ich unseren Sohn fragte, wie es denn in der Schule gewesen sei und was man gelernt habe, kam als Antwort: Wir haben gerechnet, gelesen und geschrieben. Hätte er nichts Genaueres sagen können, vielleicht über das, was er und seine Mitschüler gelesen haben? Wie würdet ihr euren Eltern heute auf eine solche Frage antworten?" Schüler äußern sich entsprechend.
- Lehrer: „Ihr habt vor euch diese Abbildung liegen.
  Schreibt auf, was ihr seht."

- Schüler lesen vor, was sie zu dieser Abbildung aufgeschrieben haben.

Weitere Hinweise:

Die anschließende Erörterung der vorgelesenen Texte wird lustig sein:

- Angeblich spielt die/eine Maus Tennis oder Federball/Badminton.
- Ohne Ball und ohne Partner?
- Wurde die „Sportkleidung" der Maus erwähnt und sogar der Hosenträger?
- Ob der andere Vorderfuß fehlt? Wurde der sichtbare linke Vorderfuß überhaupt genannt?

Schüler können altersgerechte Texte sinnentnehmend lesen.

OHP-Folie mit zusammengesetzten Verben/Tunwörtern:
umrühren, einreiben, auflösen, herkommen, zugeben, aufräumen, ausräumen;
Arbeitsblatt:
Bilde zusammengesetzte Tunwörter mit diesen Tunwörtern: geben – sammeln – schütten – teilen – setzen – halten – nehmen – fahren – kommen – fallen;
Tafelanschrift:
an – ein – aus – ab – zu – hin – her – weg – auf – um

Zielsetzung:

Schüler sollen die Bedeutung der verschiedenen Vorsilben in Verbindung mit dem Tunwort kennenlernen: Ausräumen ist nicht aufräumen.

Durchführung:

- Schüler lesen die projizierten Wörter und erklären sie: „Ich muss zu Hause immer mein Zimmer aufräumen, einen Schrank kann man ausräumen."
- Im Gespräch werden Tunwörter gesucht. Sobald ein Tunwort genannt wird, überlegen alle, welche der Vorsilben (Tafel) geeignet ist, um dem Tunwort verschiedene Bedeutungen zu geben: Gehen ist etwas anderes als weggehen oder hingehen.
- Im Gespräch werden Sätze mit den zusammengesetzten Tunwörtern entwickelt: Nächste Woche ist hier ein Zirkus, da wollen wir hingehen.

Weitere Hinweise:

In Partnerarbeit überlegen Schüler Sätze mit zusammengesetzten Tunwörtern und schreiben sie auf.

Die notierten Sätze werden vorgelesen. So besteht die Möglichkeit, zusammengesetzte Tunwörter in Sätzen zu hören und zu verstehen; Sätze, die man selbst so nicht gesagt oder geschrieben hätte.

Schüler können altersgerechte Texte sinnentnehmend lesen.

Arbeitsblatt:

Aufforderung oder Bitte?

a) Deine Eltern möchten, dass du ins Bett gehst, es sei schon spät genug.

b) Deine Spielsachen sind wieder nicht ordentlich aufgeräumt. Wie könnten deine Eltern sich dazu äußern?

c) Du bist mit deinen Hausaufgaben kaum weitergekommen. Das gefällt deinen Eltern nicht besonders gut. Sie sagen dir ...

Zielsetzung:

Schüler lernen den Satzbau und die Formulierung von Bitten und Aufforderungen.

Durchführung:

- Lehrer: „Wir können Sätze sprechen und schreiben. Solche Sätze beschreiben zum Beispiel, was wir tun oder wie ein Tier aussieht. Es gibt aber auch Sätze, mit denen wir um etwas bitten.“ Schüler sammeln mündlich Beispiele.
- Lehrer: „Es gibt Sätze, mit denen wir jemanden auffordern, etwas zu tun. Manchmal werdet auch ihr aufgefordert, etwas zu tun.“ Schüler nennen Beispiele.
- Schüler lernen am folgenden Beispiel die entsprechenden Satzzeichen, das Fragezeichen und das Rufzeichen/Ausrufezeichen: *Kannst du mir (bitte) mal helfen? Hilf mir mal!*
- Schüler bearbeiten das Arbeitsblatt.

Weitere Hinweise:

Rufzeichen werden auch nach Befehlssätzen und nach Wunschsätzen gesetzt: *Geh da vom Baum herunter! Ich möchte zum Geburtstag einen PC haben!* Hierzu nennen Schüler Beispiele aus dem eigenen Alltag oder aus Beobachtungen.

Schüler können altersgerechte Texte sinnentnehmend lesen, beherrschen weitgehend den altersgerechten aktiven Wortschatz und können die Begriffe Einzahl und Mehrzahl unterscheiden.

Tafel

Zielsetzung:

Schüler sollen lernen, bewusst bestimmte und unbestimmte Artikel (Begleiter) mündlich und schriftlich zu gebrauchen.

Durchführung:

- Lehrer: „Wir sind es gewohnt, dass wir *der* Hund, *die* Katze oder *das* Kind sagen. Die Wörter *der – die – das* werden als Begleiter oder als Artikel bezeichnet. Wir sprechen sie vor Nomen."
- Es schließen sich mündliche Übungen an. Schüler sitzen im Kreis. Ein Schüler nennt ein Nomen (Maus) und der Nachbar sagt den entsprechenden Artikel (die). Der nächste Nachbar ist mit *die Maus* an der Reihe.
- Lehrer schreibt an die Tafel: der Hund – die Hunde. „Ihr seht, die Artikel sind verschieden. Warum ist das so?" Erwartet wird sinngemäß die Antwort, dass die Mehrzahl des Wortes *Hund/mehrere Hunde* ein *die* erfordert.
- Schüler suchen und nennen weitere Beispiele, z. B. der Tisch – die Tische, der Fisch – die Fische, das Auto, der Bleistift, das Heft, der Stuhl usw.
- Lehrer: „Wenn ich sage, *der* Hund ist lieb, dann meine ich einen ganz bestimmten Hund. Wenn ich aber keinen bestimmten Hund meine, dann sage ich *ein* Hund. Damit sind dann alle Hunde gemeint. Aber ist es dann richtig zu sagen, dass *ein* Hund lieb ist?"
  Schüler sammeln Beispiele zum Thema „Hund". Lehrer: „Ist es richtig zu sagen „*Ein* Hund ist *ein* Tier." oder „*Ein* Hund ist niedlich?""

Weitere Hinweise:

Die Mehrzahlbildung erfordert nicht immer einen anderen Artikel. Schüler sammeln dazu: Maus – Mäuse, Leiter, Taste, Mutter, Bahn, Pfütze usw. Hier ist evtl. die Hilfe des Lehrers erforderlich (Leitern, Mütter, Bahnen).

Anschließend schreiben Schüler je drei Beispiele auf mit Nomen und den drei Artikeln

Schüler schreiben mit einem Partner Sätze, z. B.: Auf der Wiese steht ein Reh – Auf der Wiese steht das Reh. Während des Schreibens überlegen sie den Unterschied in der Bedeutung der Sätze.

Schüler können altersgerechte Texte sinnentnehmend lesen, mit Namenwörtern (Nomen) Sätze bilden und die Begleiter (Artikel) bei der Satzbildung berücksichtigen.

Arbeitsblatt:

Du kennst Namenwörter und du kannst mit ihnen Sätze bilden.
Es gibt auch Wörter, die **für** ein Namenwort im Satz stehen. Sie werden Fürwörter genannt.
Hier ein Beispiel: **Nele** hat einen guten Witz gehört. **Sie** lacht sich halbtot.
Hier ersetzt das Wort **sie** das Namenwort Nele, es steht **für** das Namenwort **Nele**.

Vervollständige jeweils den zweiten Satz, indem du das passende Fürwort einsetzt.

a) Der kleine Junge war hingefallen und sofort begann ________ zu weinen.

b) Nachdem David die Hausaufgaben gemacht hatte, ging ________ zum Spielplatz.

c) Johanna sucht ihren Fahrradschlüssel. ________ sucht und sucht und ________ findet ihn nicht.

d) Das Fahrrad ist ziemlich schmutzig, ________ müsste mal geputzt werden.

e) Tabea spielt in der Mädchenmannschaft Fußball. Am letzten Sonntag hat ________ zwei Tore geschossen.

Zielsetzung:

Schüler sollen lernen, Fürwörter (Pronomen) anzuwenden.

Durchführung:

- Schüler lesen die Einführung des Arbeitsblattes.
- Lehrer: „Ihr habt die beiden Sätze mit Nele gelesen. Im zweiten Satz steht ein „sie“. Welches Wort könnte hier auch stehen? Für welches Wort steht hier das Fürwort?“
- Schüler bearbeiten das Arbeitsblatt.
- Mündlich werden weitere Sätze aus dem Alltag der Schüler gebildet.
- Lehrer: „Ihr habt es richtig gemacht und das Namenwort zuerst genannt. Wenn es durch ein Fürwort ersetzt werden soll, muss es immer bekannt/genannt worden sein.“

Weitere Hinweise:

Schüler sollen die folgenden Sätze erst mündlich und dann schriftlich zu einem Text verbinden und Fürwörter verwenden. Aber auch nicht ständig, weil sonst der Text langweilig wird:

Maik hat von der Oma zum Geburtstag 20 Euro bekommen. Maik hatte das Geld weggelegt. Nun sucht Maik das Geld. Maik sucht in seinem Schreibtisch. Maik sucht auch in seiner Jackentasche.

Schüler können altersgerechte Texte sinnentnehmend lesen, kennen Verben und Adjektive und können sie voneinander unterscheiden (was tut – wie ist).

Arbeitsblatt:

Kreuze an, ob das Wort ein Adjektiv, ein Tunwort/Verb oder ein Namenwort/Substantiv ist.

Wörter:	ruhig	gehen	Deckel	Wasch-maschine	be-quem	Kakao	Milch	konzen-triert	falsch	lehren
Adjektiv										
Verb										
Substantiv										

Zielsetzung:

Schüler sollen lernen, was ein Namenwort (Substantiv, Nomen) ist.

Durchführung:

- Lehrer: „Es gibt um uns herum Lebewesen und Dinge, die wir mit Namen bezeichnen." Schüler nennen Lebewesen (pflanzliche und tierische) und Gegenstände des Alltags.
- Lehrer: „Die Wörter, die ihr gesagt habt, werden als Namenwörter oder als Nomen oder als Substantive bezeichnet. Diese Wörter werden von einem bestimmten oder einem unbestimmten Artikel begleitet." Es schließt sich eine Übung an: Lehrer nennt etwa zehn Substantive. Schüler ergänzen der Reihe nach den passenden Artikel.
- Lehrer nennt 15 Wörter. Davon sind fünf Substantive, fünf Verben und fünf Adjektive. Schüler ergänzen den Artikel oder sagen, dass es für Adjektive oder Verben (z. B. singen) keinen Artikel gibt.
- Schüler bearbeiten das Arbeitsblatt.

Weitere Hinweise:

Es ist sinnvoll, auf Wortfamilien einzugehen: „Richtig, *singen* ist kein Substantiv, aber was ist mit dem Wort *Gesang*?" Weitere Beispiele sind springen – Sprung, fleißig – Fleiß, glatt – Glätte, hell – Helligkeit.

Schüler finden Sätze wie: Die Kinder singen – der Gesang ist schön usw.
Mit einem Partner schreiben sie solche Sätze auf. Als Hilfe kann der Lehrer an die Tafel schreiben: spielen, fleißig, dunkel usw.

Schüler kennen den Unterschied zwischen „früher“ und „heute“ und können diesen Unterschied in Berichten verdeutlichen. Sie berichten z. B. von ihrem gewesenen Urlaub mit der Familie, sie versprachlichen aber auch ihr aktuelles gegenwärtiges Verhalten: „Ich bin jetzt in der Schule und lerne fleißig.“

Arbeitsblatt mit zwei gleichen Lückentexten:

> *Maria ____________ ein Heft und eine CD. Das Heft ____________ sie zu ihren anderen Schulsachen und die CD ____________ sie ihrem Bruder zum Geburtstag.*

Wörter:
schenkt, kaufte, legte, schenkte, kauft, legt

Zielsetzung:

Der eine Text gehört zur Vergangenheit, der andere Text soll ebenfalls vervollständigt werden. Schüler müssen entscheiden, welche der Tunwörter in den Vergangenheitstext („früher“-Text) und welche in den Gegenwartstext („heute“-Text) eingesetzt werden müssen.

Durchführung:

- Zur Einführung in den Arbeitsauftrag eignet sich ein mündliches Thema. Lehrer: „Die Katze f______ jetzt eine Maus. Ich habe nur das (Lehrer lautiert) *f* gesagt, aber wie müsste das ganze Wort heißen?“ Und wenn die Katze in der vorigen Woche eine Maus erwischte – wie sage ich das dann? Die Katze f______ eine Maus.“
- Danach folgt die selbstständige schriftliche Bearbeitung der beiden Lückentexte.

Weitere Hinweise:

Es werden weitere Tunwörter gesammelt und an die Tafel geschrieben: spielen, malen, rechnen, laufen usw. Schüler bilden mündlich Sätze.

Gemeinsam wird die Vergangenheitsform (spielte, malte, rechnete, lief usw.) gesucht und neben die Wörter der Gegenwartsform geschrieben. Schüler bilden danach mündlich Sätze.

Ein kleiner Text wird von der Gegenwart in die Vergangenheit gesetzt, erst mündlich, dann schriftlich.

Schüler können altersgerechteTexte sinnentnehmend lesen und einfache Texte zu Themen des Sachunterrichts schreiben.

für je 2 Schüler im Partnerversuch 2 Stabmagnete/Rundmagnete

Zielsetzung:

Schüler sollen lernen, einen Versuch mit Tunwörtern/Verben zu beschreiben.

Durchführung:

- Die beiden Magnete werden langsam einander genähert, bis sie sich gegenseitig anziehen oder abstoßen.
- Schüler beschreiben mündlich in der Gegenwartsform, wie der Versuch durchgeführt wird: *Wir legen einen Magneten …*
- Danach beschreiben sie mündlich in der Gegenwartsform, was sie beobachtet haben: *Die beiden Magnete ziehen …/stoßen …*
- Es wird keine Fachsprache angestrebt – alle Verben sind richtig, die annähernd das Verhalten der Magneten beschreiben: *Der eine Magnet fliegt an den anderen oder ein Magnet drückt den anderen weg* – solche Formulierungen sind durchaus akzeptabel, die Fachsprache wird im Sachunterricht gelernt.

Weitere Hinweise:

Wenn schon von Anfang an Verben in der Grundform verwendet werden, kommt es auch nicht zu unschönen Formulierungen wie „Dann haben wir …“, die gern und oft wiederholt werden.

Die Verwendung von Verben in der Gegenwartsform macht einen Text lebendig. Das gilt auch für die Vergangenheitsform: … *zogen sich gegenseitig an …*

Damit sind wichtige Grundlagen gelegt für die Beschreibung von Handlungen und Beobachtungen.

Schüler können altersgerechte Texte sinnentnehmend lesen.

Tafelanschrieb:

Einzahl	Mehrzahl	Verkleinerung
Baum		
Maus		
Haus		
Zaun		
Raum		

Zielsetzung:

Schüler sollen die Buchstabenanordnung *au* optisch und auditiv mit ihrem Lautwert erfassen und lesen und die Mehrzahl mit *äu* bilden können.

Durchführung:

- Schüler lesen den Tafelanschrieb und überlegen dann, wie die Mehrzahl der Wörter heißt.
- Lehrer ergänzt den Tafelanschrieb um die Wörter in der Mehrzahl.
- Lehrer: „In die letzte Spalte möchte ich eintragen, wie ein Baum heißt, wenn er noch ganz klein ist. Sagen wir dann immer noch ‚Baum' dazu?" So werden auch die übrigen Wörter überlegt und eingetragen.
- Lehrer umkreist mit farbiger Kreide in allen Wörtern den Umlaut *äu*. „Warum habe ich das gemacht?"

Weitere Hinweise:

Diese Umlaute gibt es nicht nur bei der Mehrzahlbildung, wohl aber bei der Verkleinerungsform. Schüler schreiben das entsprechende Wort in die Übersicht. Vorher kann/soll über weniger bekannte Begriffe gesprochen werden „Was ist, was bedeutet ...?"

Daumen	
Pflaume	
Taube	
Raupe	
Haube	
Staub	
Traube	

Schüler können altersgerechte Texte sinnentnehmend lesen.

OHP-Folie oder Tafelanschrift, Arbeitsblatt

Ein einfacher Satz besteht aus zwei Teilen. Ein Teil ist der Satzgegenstand. Über ihn wird etwas ausgesagt. Es wird gesagt, wer oder was etwas tut oder was geschieht.

- Unterstreiche in den Sätzen den Satzgegenstand.
- Schreibe das Wort des Satzgegenstands in die rechte Spalte.

Sätze	Wer oder was tut etwas, wem oder was geschieht etwas?
Ich rechne	
Die Schüler rechnen	
Du läufst	
Alle spielen	
Wir sprechen	
Kaninchen springen	
Der Ball rollt	
Die Blumen welken	
Jannik fällt	

Zielsetzung:
Schüler sollen die Bedeutung des Satzgegenstands im Satz kennenlernen.

Durchführung:

- Lehrer schreibt an die Tafel: Läuft schnell weg.
- Lehrer: „Was meint ihr zu diesen Wörtern, sind sie ein Satz?" Es folgt ein Gespräch mit dem Ergebnis, dass man so nicht weiß, wer oder was schnell läuft.
- Schüler lesen das Arbeitsblatt.
- Lehrer erörtert mit Schülern das Arbeitsblatt.
- Schüler bearbeiten das Arbeitsblatt.
- Schüler finden einfache Sätze mit Menschen, Tieren sowie mit Gegenständen, denen etwas geschieht, als Satzgegenstand.

Weitere Hinweise:

Schüler entnehmen Lesebuchtexten einfache Sätze, indem sie auch schon die Satzaussage ergänzen, z. B.: *Die Mutter packt das Geschenk für die Tochter ein.*

Schüler können altersgerechte Texte sinnentnehmend lesen.
Sie kennen die Aufgabe des Satzgegenstands im Satz.

Arbeitsblatt:

Satzgegenstand: **Wer oder was tut?**	**Satzaussage:** **Was tut/tun er/sie/es?** **Was geschieht?**
Ich	
Wir	
Alle	
Hunde	
Kinder	
Blumen	
Wolken	
Vögel	
Piloten	

Zielsetzung:

Schüler sollen die Bedeutung der Satzaussage im Satz kennenlernen.

Durchführung:

- Schüler überlegen, was in die rechte Spalte des Arbeitsblattes eingetragen werden kann. Es sollen möglichst viele Möglichkeiten gefunden werden – Hunde laufen nicht nur, sie springen oder schnüffeln. Jeder Schüler trägt das Verb ein, das ihm am meisten zusagt. Nach jedem Wort werden die Eintragungen vorgelesen.
- Anschließend setzen sich die Schüler in den Kreis. Nun geht es reihum. Es sollen einfache Sätze gebildet werden mit einem Satzgegenstand und einer Satzaussage. Ein Schüler beginnt mit dem Satzgegenstand (Der Vater). Der nächste Schüler ergänzt mit einer Satzaussage (arbeitet).

Weitere Hinweise:

Lehrer: „Für den Satzgegenstand und für die Satzaussage werden auch Fremdwörter gebraucht. Der Satzgegenstand heißt Subjekt und die Satzaussage wird Prädikat genannt."

Die lateinischen Begriffe können anhand von Beispielen geübt werden: Katzen schnurren. Wie heißt das Subjekt, wie heißt das Prädikat?

Schüler können altersgerechte Texte sinnentnehmend lesen.

OHP-Folie, Arbeitsblatt

Zu den Umstandsbestimmungen zählt auch die Bestimmung der Zeit. Nach dieser Bestimmung wird gefragt mit: Wann? Seit wann? Wie oft? Wie lange? Ergänze die Tabelle und trage deine Fragen und die Wörter ein, welche die Zeit bestimmen.

Sätze	Meine Fragen	Bestimmung der Zeit
Wir wollen morgen einen Test schreiben.		
Vorigen Samstag hat Borussia das Spiel verloren.		
Unsere Katze fängt täglich eine Maus.		
Nächsten Samstag gehe ich zur Kirmes.		
Zum Geburtstag bekam ich ein neues Fahrrad.		

Zielsetzung:

Schüler sollen die adverbiale Bestimmung/Umstandsbestimmung der Zeit verstehen und erfragen können.

Durchführung:

- Lehrer schreibt an die Tafel: Der Hund läuft über den Hof. „Wir wissen jetzt, dass der Hund läuft, wir wissen aber nicht, wann er läuft oder ob er immer noch läuft. Sätze werden genauer, wenn wir eine Zeit angeben."
- Gemeinsam werden die folgenden Sätze (OHP-Folie) bearbeitet.
  Die Katze spielte – mit dem Wollknäuel. Ich fahre mit meiner Familie – an die Nordsee. Es regnet – sitzen wir in der Schule und lernen. Ich mache – die Hausaufgaben. Daniel fährt – zur Arbeit.
- Schüler bearbeiten mit einem Partner das Arbeitsblatt.

Weitere Hinweise:

Schüler bearbeiten ein weiteres Arbeitsblatt und erfragen in den Sätzen die adverbialen Bestimmungen des Ortes und der Zeit.
Beispiel: *Ich war gestern auf dem Sportplatz.*

Schüler können altersgerechte Texte sinnentnehmend lesen.

OHP-Folie mit Sätzen:
Die Katze schleicht sich – an die Maus heran. Die Schüler arbeiten –. Unsere Mannschaft spielte wieder mal sehr – . – sitzen die Zuschauer auf ihren Plätzen.
Arbeitsblatt:

Vervollständige die Tabelle.

Sätze	Meine Fragen	Bestimmung der Art und Weise
Die Schüler konzentrieren sich enorm.		
Die Partner arbeiten sehr gut zusammen.		
Ich verfolge gespannt das Fußballspiel.		
Die Mannschaft nutzt die Schwächen ihres Gegners und gewinnt das Spiel.		
Der Straßenarbeiter arbeitet hart.		

Zielsetzung:

Schüler sollen die adverbiale Bestimmung/Umstandsbestimmung der Art und Weise erfragen können und verstehen.

Durchführung:

- Lehrer projiziert den ersten Satz: „Ist es sinnvoll, in die Lücke noch ein Wort einzusetzen?“ Schüler werden Vorschläge machen, wie „langsam“ oder „vorsichtig“.
- So werden auch die weiteren Sätze bearbeitet.
- Lehrer erklärt, dass die gesuchten Wörter Satzergänzungen der Art und Weise sind. Sie können mit diesen Fragewörtern erfragt werden: Wie? Wie viel? Wie sehr? Woraus? Um wie viel? Auf welche Art und Weise?
- Schüler bearbeiten mit einem Partner das Arbeitsblatt.

Weitere Hinweise:

Schüler bearbeiten ein weiteres Arbeitsblatt und ergänzen in den Sätzen die adverbialen Bestimmungen des Ortes, der Zeit und der Art und Weise.
Beispiel: *Daniel fährt <u>jeden Morgen</u> <u>ganz in Ruhe</u> <u>zur Arbeit</u>.*

Schüler können altersgerechte Texte sinnentnehmend lesen und Satzgegenstand und Satzaussage in Sätzen identifizieren.

Tafel, Arbeitsblatt:

Es gibt Wörter, die die genauen Umstände in einem Satz beschreiben. Solche Wörter bezeichnen z. B. einen Ort (Hund – Hof). Damit wird ein Satz genauer. Wie man nach dem Satzgegenstand und nach der Satzaussage fragen kann, fragen wir nach der Bestimmung des Ortes mit den Fragewörtern: Wo? Wohin? Woher? Wie weit?

Vervollständige die Tabelle.

Sätze	Meine Fragen	Bestimmung des Ortes
Ich lerne in der Schule	Wo lerne ich?	in der Schule
Die Katze fängt im Garten eine Maus.		
Die Schüler spielen auf dem Pausenhof.		

Zielsetzung:

Schüler sollen die adverbiale Bestimmung/Umstandbestimmung des Ortes kennenlernen und in Sätzen anwenden.

Durchführung:

- Lehrer schreibt an die Tafel: Der Hund läuft.
  „Könnt ihr euch das vorstellen, was hier an der Tafel steht?"
- Schüler berichten von Hunden, die sie gesehen haben, und schildern auch die Umgebung, in welcher der Hund gelaufen ist.
- Lehrer schreibt an die Tafel: Der Hund läuft über den Hof. „Gefällt euch der Satz so besser?" Schüler reagieren erwartungsgemäß, man könne sich so besser vorstellen, wo der Hund laufe, und das sei genauer.
- Schüler bearbeiten das Arbeitsblatt:

Weitere Hinweise:

Schüler erhalten ein Arbeitsblatt mit einer Blanko-Tabelle. In Partnerarbeit schreiben sie Sätze, schreiben die Fragen und die adverbiale Bestimmung des Ortes in die Spalten/Zeilen.

Schüler können altersgerechte Texte sinnentnehmend lesen.

Arbeitsblatt mit folgenden Wörtern und einer Übersicht zum Eintragen:
Turm – Huhn – Buch – Ast – Wort – Apfel – Hand – Zahn – Vogel – Hut – Rad – Nagel

Einzahl	Mehrzahl
der Turm	die Türme
das Huhn	...

Zielsetzung:

Schüler sollen die Mehrzahl bekannter Begriffe bilden und aufschreiben können.

Durchführung:

- Schüler lesen die Wörter auf dem Arbeitsblatt.
- Im Gespräch werden die genannten Begriffe beschrieben: Was ist ein Turm, wie sieht er aus, wer hat einen Turm gesehen oder gebaut usw.
- Lehrer: „Ihr möchtet von eurer Mutter einen Apfel haben. Wie sagt ihr das eurer Mutter?" – „Und wenn ihr zwei haben möchtet – wie sagt ihr es dann?"
- Lehrer: „Ihr habt gehört, dass aus dem *a* im Wort Apfel ein anderer Laut geworden ist." Schüler reagieren mit der Antwort, das *a* sei ein *ä* geworden.
- Lehrer: „Wenn wir das *ä* schreiben wollen, machen wir zwei Striche über das *a*." Lehrer schreibt ÄPFEL an die Tafel.
- So werden auch die anderen Begriffe und Wörter bearbeitet.
- Anschließend füllen Schüler die Übersicht aus.

Weitere Hinweise:

Die Umlaute werden nicht nur bei der Mehrzahlbildung verwendet, sondern auch in der Steigerungsform: groß – größer, hoch – höher, klug – klüger, alt – älter, warm – wärmer. Hierzu werden erst mündlich und dann schriftlich Sätze gebildet: Maria ist älter als Johannes usw.

Zur Übung werden außerdem Sätze gebildet mit Wörtern wie grün, Gemüse, Kühltruhe, Stück, süß usw. Solche Wörter finden Schüler oft selbst. Lehrer schreibt sie an die Tafel, sobald sie genannt werden. Es ist sinnvoll, während des Anschreibens zu lautieren.

ca. 10 Min.

Kl. 2

Schüler können altersgerechte Texte sinnerfassend lesen.

Arbeitsblatt:

Die Tunwörter gibt es unverändert. Wir verändern sie, wenn wir sagen wollen, wer etwas tut: ich – du – er – sie – es.
Ich lerne, du lernst, er lernt, sie lernt, es (das Kind) lernt.

Fülle die Tabelle aus.

Ich gehe	du	er	sie	es
Ich trinke	du	er	sie	es
Ich träume	du	er		
Ich denke	du			
Ich schreibe				

Zielsetzung:

Schüler sollen lernen, die Personalformen von Tunwörtern anzuwenden.

Durchführung:

- Schüler lesen das Arbeitsblatt.
- Es soll deutlich werden, dass Einzelpersonen gehen, trinken usw. „Wie viele Menschen sind das, wenn ich *du, er, sie, es* sage?" Erwartet wird als Reaktion, „Das ist immer nur einer." o. Ä. Damit ist schon die Mehrzahlbildung angedeutet.
- Schüler bearbeiten das Arbeitsblatt.
- Die Arbeitsergebnisse werden vorgelesen und verglichen/korrigiert.
- Lehrer: „Lest die Endbuchstaben der eingetragenen Wörter von oben nach unten." Erwartet wird als Antwort, dass die Endungen immer gleich sind (*e*, *st*, *t*).
- Schüler bilden mündlich entsprechende Sätze: Ich spiele morgen mit meinem Technik-Baukasten, du spielst …

Weitere Hinweise:

Eine sinnvolle Fortsetzung ist die Anwendung in der Mehrzahl der Personen.

wir	ihr	sie
denken		
träumen		
schreiben		

Schüler können altersgerechte Texte sinnentnehmend lesen.

OHP-Folie mit Wörterschlangen

DunocheineTasseKakaoderPuddingschmecktdunochetwasbleiben SchokoladeistsüßSchokoladesüßwirzusammendumitmirspielendumir etwaszuWeihnachtendunocheinStückKuchenundwirwollenspielendu michanrufendumichan

Zielsetzung:

Schüler sollen lernen, Fragen zu erkennen und Fragen mündlich und schriftlich zu formulieren.

Durchführung:

- Mit der ganzen Lerngruppe werden zwischen den Wörtern Striche vereinbart und angebracht.
- Gleichzeitig wird entschieden, ob, wo und welches Fragewort eingefügt werden kann: *Willst* du noch eine Tasse Kakao?
- Schüler überlegen Satz für Satz, welches andere Fragewort sinnvoll ist: *Möchtest* du noch eine Tasse Kakao?
- Lehrer schreibt eine Frage mit Fragezeichen an die Tafel und erklärt, dass das Fragezeichen die Frage kennzeichnet.
- Schüler bearbeiten in Partnerarbeit zunächst mündlich drei Wörterschlangen.
- Schüler schreiben die Fragen mit Fragezeichen auf.

Weitere Hinweise:

„Wenn du etwas wissen möchtest, musst du fragen. Und das geschieht mit einem Fragewort. Ein Fragewort ist zum Beispiel *Wie.* Schüler überlegen weitere Fragewörter. Lehrer schreibt *Hast* an die Tafel: „Ist das ein Fragewort?" Schüler stellen mündlich entsprechende Fragen. In dieser Weise folgen die Fragewörter: *Wer? Wo? Welche? Was? Wann?*

Eine andere Form der Frage ist die Entscheidungsfrage, die mit Ja oder mit Nein beantwortet wird: Bist …? Kommst …? Weißt …? Möchtest …? Seid …? Sind …? Kannst …? Auch hierzu sammeln Schüler Beispiele.

Schüler können altersgerechte Texte sinnentnehmend lesen.

Tafelanschrift:
Wörter werden aus Bausteinen gebildet. Die Bausteine sind der Wortstamm, die Vorsilbe und die Endung. Wörter mit gleichem Wortstamm gehören zu einer Wortfamilie;
Arbeitsblatt:

Fülle die Zeilen der Tabelle aus: Bilde Tunwörter, indem du die Endung und die Vorsilben ergänzt. Schreibe bei jedem der Bausteine fünf Tunwörter auf.

-flieg-	-geh-	-fall-

Zielsetzung:

Schüler sollen erkennen, dass Wortstämme immer gleich geschrieben werden. Bei der Schreibung unbekannter Wörter sollen sie sich am Wortstamm orientieren.

Durchführung:

- Schüler lesen die Tafelanschrift.
- Lehrer: „Nun sollt ihr verstehen, was ein Wortstamm ist. Bei dem Wort *abfahren* gibt es die Vorsilbe *ab* und die Endung *en*. Übrig bleibt der Wortstamm *fahr.*"
- An der Tafel werden die Vorsilben, die Wortstämme und die Endungen der folgenden Wörter verschieden farbig unterstrichen: anbauen, hinstellen, abfliegen, fernsehen, vorschreiben, angeben, hinfallen.
- An der Tafel werden Tunwörter mit dem Wortbaustein *stell* gebildet. Schüler brauchen nur die Endung *en* anzuhängen und Vorsilben voranzustellen (abstellen, hinstellen usw.). Lehrer: „Diese Wörter gehören zu einer Wortfamilie."
- An der Tafel werden Nomen mit dem Wortbaustein *fahr* gebildet: Fahrzeug, Fahrbahn, Fahrstuhl, Fahrkarte, Fahrlehrer, Fahrplan, Fahrrad usw.
- Schüler füllen abschließend die Tabelle auf dem Arbeitsblatt aus.

Weitere Hinweise:

Schüler bilden zu Hause mit dem Wortstamm *schreib* fünf Nomen. Danach bilden sie einen Satz mit möglichst vielen dieser Nomen.